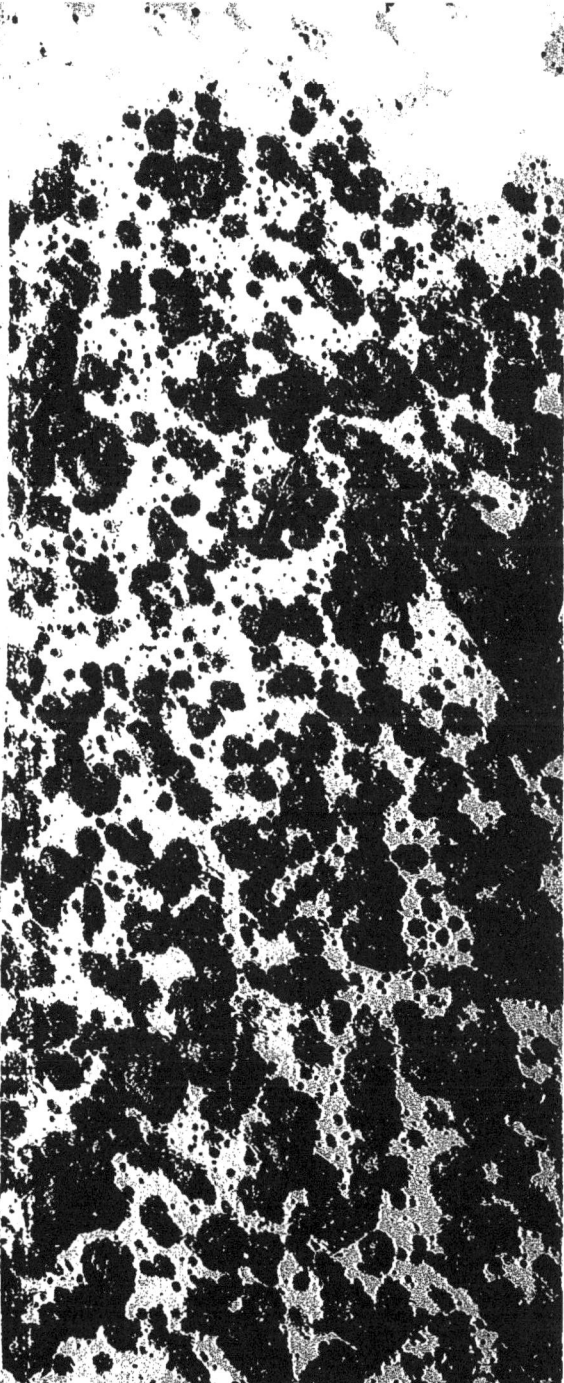

ESSAI

SUR LES

FONCTIONS MÉTAPHYSIQUES

MORPHOLOGIE DE L'AME

PAR

Henry LAGRÉSILLE

> Dieu a tout créé en nombre, poids et mesure.
> (Suivant SALOMON.)
> Les idées sont comme des nombres.
> (Suivant PYTHAGORE.

PARIS

Vve Ch. DUNOD, Éditeur

LIBRAIRE DES PONTS ET CHAUSSÉES, DES MINES
ET DES CHEMINS DE FER
40, Quai des Grands-Augustins, 40

Mai 1898

ESSAI

FONCTIONS MÉTAPHYSIQUES

TOURS. — IMPRIMERIE DESLIS FRÈRES

MÉTAPHYSIQUE MATHÉMATIQUE

ESSAI

SUR LES

FONCTIONS MÉTAPHYSIQUES

MORPHOLOGIE DE L'AME

PAR

Henry LAGRÉSILLE

Dieu a tout créé en nombre, poids et mesure.
(Suivant SALOMON.)

Les idées sont comme des nombres.
(Suivant PYTHAGORE.)

PARIS

Vᵛᵉ Cʜ. DUNOD, Éᴅɪᴛᴇᴜʀ

LIBRAIRE DES PONTS ET CHAUSSÉES, DES MINES
ET DES CHEMINS DE FER

40, Quai des Grands-Augustins, 40

Mai 1898

TABLE DES MATIÈRES

CHAPITRE III

Des fonctions qui expriment les causes formelles et les forces existantes

ESSAI

FONCTIONS MÉTAPHYSIQUES

CHAPITRE I

DES MONADES ET DE L'AME COMPOSÉE

PRÉLIMINAIRES : DES FONCTIONS MÉTAPHYSIQUES ; DE LEURS
EXPRESSIONS MATHÉMATIQUES OU ALGÉBRIQUES. — CE QU'IL
FAUT ENTENDRE PAR MORPHOLOGIE DE L'AME.

L'âme, force consciente d'elle-même, raison et cause
de l'activité de l'être animé, en tant qu'activité libre et
personnelle vers une fin, remplit chez le vivant la fonction capitale, fait fonction directrice de vivant, assure
l'unité de la vie, en subordonnant et en solidarisant
toutes les autres fonctions psychiques et psychophy-
siques.

Si l'âme est la fonction métaphysique dans son
ensemble, en-dessous de cette unité principale, il y
a d'autres unités qui sont aussi des fonctions métaphysiques ; et, finalement, les dernières unités, qui sont
les monades isolées, sont les variables les plus simples
de l'esprit ; en-dessous de cette force intégrante, il y a

MÉTAPHYSIQUE.   1

d'autres forces, qui correspondent à des groupements
d'existences et qui modifient les relations de l'esprit ;
en-dessous de la conscience générale, il y a des fonctions idéales, dont l'enchaînement produit la pensée et
détermine l'acte du vivant. D'ailleurs nous considérerons toute force réelle à sa source, ce qui revient à dire
toute cause réelle, comme une fonction métaphysique.

Toute existence véritable se traduit par une fonction
métaphysique, dès qu'on pose sa relation avec une autre,
ou avec d'autres qui sont du même degré d'existence, ou
qui sont de degrés inférieurs d'existence.

On peut avoir la notion logique d'une fonction,
mais savoir qu'elle existe, ce n'est pas encore la con-
naître ; savoir qu'une loi commune unit vaguement
des termes qui renferment des existences solidairement
irréductibles, concevoir qu'une fonction est remplie
par des forces réelles et qu'elle pourrait les définir, ce
n'est pas encore posséder la fonction ou la loi.

Pour définir la fonction, il est nécessaire de trouver
quelque rapport exact qui en soit une approximation
si faible que ce soit ; il n'est possible d'exprimer ainsi
mathématiquement ou algébriquement une fonction
métaphysique qu'en la posant comme une relation
objectivée, qu'en l'objectivant le plus qu'il se peut,
qu'en laissant de côté ce qu'elle a de personnel, qu'en
faisant abstraction de sa valeur subjective, qui, du reste,
se replacera ensuite sur une formule précise, comme
elle se plaçait sur un concept verbal.

C'est en dépouillant les idées de leur subjectivité première que la science peut obtenir les relations, les lois, les figures ; le pur subjectif, puissant comme sentiment, est la poussée vers l'idée, est le chaos d'où sort l'idée ; et, lorsque cette force incidente, en étant absorbée par l'esprit, s'est condensée en une forme, dans la mesure de cette condensation, elle est devenue une idée, c'est-à-dire un ordre concordant de l'esprit, duquel elle avait dû troubler l'ordre primitif pour se faire sa place.

C'est pourquoi l'intuition pure, le sentiment pur, ne retrouvent pas de place dans une relation définie, cela comme existences distinctes ; ils s'y sont déjà cristallisés en idées, idées qui sont affectables sans doute de coefficients d'intensité et de vouloir.

Une force, qui est un pouvoir de modifier une possibilité, objectivement devient un pouvoir de modifier l'espace ; par suite elle produit objectivement une modification de l'espace plein, ou discontinu, par rapport à l'espace vide ou continu, telle modification qui est le mouvement même ou une génération du mouvement.

Dans ce traité, nous entrons en métaphysique spéciale ; il est très utile que le lecteur se reporte à un résumé de métaphysique[1], plus élémentaire et plus général, que nous avons publié il y a environ un an ;

---

[1] *Essai philosophique : Quel est le Point le plus complet du Monde et quels sont les Principes de la Raison universelle.* — Berger-Levrault, Nancy, 1897 (brochure qui se retrouve dans les principales bibliothèques).

il y verra en raccourci l'idée générale du fonctionnisme;
c'est le fonctionnisme universel que nous allons maintenant essayer ici de traduire, en particulier au point
de vue mathématique, c'est-à-dire que nous allons
rechercher des fonctions algébriques entre des existences, telles que le sujet, l'objet, l'idée, la monade,
l'atome, entre des manifestations d'existences telles
que les forces, les causes, les effets, les espaces et les
figures de l'espace.

Des métaphysiciens ne sauraient être arrêtés encore
par de simples formules d'algèbre, si quelque progrès
de la métaphysique doit résulter de l'emploi d'équations
algébriques, à peu près, à moins près, comme le grand
progrès de la physique a été dû à leur emploi par les
physiciens; mais, si notre tentative a une suite, il est
certain que les premières formules se compliqueront,
plus tard, de toutes les fonctions mathématiques connues,

La relation, seulement logique, qui oppose deux
termes l'un à l'autre, a des indéterminations qui ne
permettent qu'exceptionnellement d'en tirer des conséquences serrées et précises. Comme elle ne se ferme
pas, à savoir comme le premier terme ne trouve pas
encore dans le second toute sa contre-partie, comme
les termes du langage en général ne se déterminent
pas tout à fait l'un par l'autre, la relation logique, dont
les avantages et les facilités sont connus, a le désavan-
tage de se prêter peu ou point à des transformations,
transformations par lesquelles apparaissent les solu-

tions les plus éloignées qu'une relation implicitement
enferme. Bien au contraire, la relation mathématique,
qui est une relation fermée dans le fond, se prête à des
transformations automatiques de calcul, qui conduisent
en toute sûreté extrêmement loin de l'idée initiale.

C'est à tel point que, si la logique du verbe peut
analyser et ramene à son mode les principes des transformations mathématiques de la relation équative, elle
renonce, avec l'intelligence humaine, à en suivre les
significations idéales, comme elle suit les moments successifs d'une relation logique.

Plus loin que jamais les relations de syllogisme
ne pourraient conduire avec précision et certitude,
pénétrent aisément les relations mathématiques ; ces
relations semblent être des instruments de la pensée
assez comparables à des instruments de la vue. Comment se fait-il que des penseurs n'aperçoivent dans les
équations que des symboles qui sont propres à ré-
sumer des idées accessibles autrement ?

C'est qu'ils voient les signes au lieu de voir les
moyens, c'est qu'ils ne savent pas lire les idées des
nombres.

Sans doute, se borner à écrire que $A = \mathcal{F}(B)$, cela
n'est encore rien d'autre que de dire que le terme A
est fonction du terme B, qu'une certaine fonction de B
est A ; mais sitôt qu'on arrive à déterminer un peu $\mathcal{F}(B)$,
par exemple à y mettre un facteur, c, en évidence,
$A = c \times f(d)$, la signification est plus que celle d'un sym-

bole au sens ordinaire ; car c'est une relation qui peut déjà se transformer en une autre. Il faut reconnaître qu'il y a symbole et symbole ; à la rigueur, tout ce qui est objectif est symbole du subjectif, lequel reste indéfinissable sans des analyses qui sont des objectivations. Les relations mathématiques représentent le maximum d'objectivation ; leur impersonnalité est loin de nuire à leur intelligibilité pour le sujet, le sujet demeurant toujours le support personnel. Ainsi les rapports plus subjectifs se réalisent sur des rapports plus objectifs, tels que des couleurs qui se réalisent sur des corps convenables.

De préférence on a admis en philosophie qu'il n'appartenait qu'à la logique d'exprimer des qualités, et que les rapports quantitatifs n'étaient pas pour cela qualitatifs. Maintenant nous ferons remarquer que cette séparation est trop exclusive ; les sciences de calcul s'attachent constamment à exprimer des qualités avec des quantités.

D'abord, en principe, la logique verbale n'aurait point le droit de comparer et d'associer des qualités différentes, si celles-ci n'avaient pas pour commune mesure, implicite, non définie, quelque qualité élémentaire unique, existence dont ces qualités sont des quantités intégrées différemment. Cette qualité élémentaire correspond au moins au plus faible degré d'existence concrète.

Les mathématiques passent à des qualités très diffé-

rentes, et même d'ordres à peine comparables logique-
ment. En mathématique comme dans la nature, les
qualités se font par des ordres quantitatifs, ordres qui
sont signifiés par des fonctions algébriques; la fonction
est une qualité composée par l'ordre des nombres, qui
a pour base élémentaire l'unité.

Cette unité peut représenter soit une unité réelle,
soit une abstraction d'une unité réelle. La monade
serait une unité psychique réelle et irréductible, tandis
que l'atome simple serait une unité physique, réelle et
irréductible ; l'espace-limite, qui, en tant que figure,
constitue l'atome simple, qui, en tant que possibilité,
constitue encore la monade, serait une abstraction de
l'unité réelle qu'ils sont tous deux. Or la monade et
l'espace-limite, qui lui appartient, vont tout à l'heure
nous servir pour réaliser une morphologie de l'âme.

Toute existence étant mesurable par l'unité primordiale unique, cette unité est en quelque sorte la différentielle finale qui entre dans toutes les qualités
d'existence, infiniment multipliée et infiniment combinée.

Elle est propre théoriquement à mesurer toutes les
formes psychiques et physiques, qui n'en sont que des
intégrations ou que des puissances ; quoiqu'elle ne
suffise pas à les donner causalement, parce que la partie
ne donne pas le tout, pourtant elle suffit pour les
analyser, parce que la partie est propre à mesurer le
tout. Pour ces motifs, nous distingueorns plus loin la

génération métaphysique de la génération géométrique : celle-ci engendre avec les parties au lieu que la première engendre avec l'ordre.

Les qualités concrètes de natures différentes s'expliquent par des compositions qui ne sont pas du même ordre de puissance, ou qui n'ont pas été faites suivant la même échelle d'intégration, et les intégrations naturelles supposent des forces psychiques de valeurs proportionnées à leurs importances et à leurs cohésions.

Qu'une relation soit mathématique ou non, établir une relation, c'est exprimer une qualité avec les éléments, c'est, avant que les éléments ne soient apparus, exprimer une qualité entre des termes de comparaison.

Par exemple, le langage verbal fera la distinction suivante : un corps rond qui est léger, qui est chaud, *plus grand* qu'un corps cubique, qui est lourd, qui est froid. En définissant ainsi deux corps l'un par rapport à l'autre, la logique oppose deux à deux quatre qualités : elle oppose la forme ronde à la forme cubique, la légèreté à la lourdeur, le chaud au froid, le plus grand au plus petit. Cette quadruple relation qualitative, qui n'est quadruple que par des abstractions du concret, est transformable par le langage mathématique de la physique en une relation unique, qui sera une détermination et qui sera une abréviation du verbe. Il dira alors que le volume sphérique donné renfermant *n* molécules gazeuses, à une puissance vive, correspondant à la pression et à la température du gaz, *est tant de fois égal* au volume cubique donné, renfermant n' molécules solides, à la pression et à la température du solide ; il le dira exactement en une équation ; il finira par poser une équation de dynamique entre les masses de la sphère gazeuse et celles du cube solide, volumes dont les formes sont d'ailleurs déterminées par les forces vives intérieures, s'il n'y a pas lieu de considérer des forces extérieures.

Dès lors une telle équation se prêtera à toutes sortes de transformations, dont les traductions verbales seront autant de lois physiques corrélatives.

Enfin la mathématique passe des choses d'un ordre à des choses d'un autre ordre, en s'élevant de la ligne à la surface, de la surface au volume, en descendant de la variable x à l'infiniment petit dx de premier ordre, puis à celui d^2x de second ordre.

Le carré et le cercle, figures de l'ordre linéaire, mais de qualités différentes, sont des ordres qui se composent et qui se mesurent avec un seul et même élément linéaire assez petit.

Au début, le physicien ne sait trop quel rapport est possible entre deux qualités différentes ; c'est l'expérience ou c'est le calcul qui lui montreront qu'elles varient par rapport à une troisième, qui est par suite une commune mesure. De la sorte, tout peut être conçu comme se réduisant élémentairement et concrètement à l'homogène ; la communication externe des existences nécessite que l'altérité des choses objectivées ne soit rien que dans la génération des formes, dont les ordres variés expriment les degrés de la qualité unique d'existence, les degrés de combien-être.

Dans l'identité des proportions combinées, la relation mathématique résume toutes les formes possibles de liaison et de raisonnement ; le raisonnement de l'algèbre s'abrège en même temps qu'il devient plus complexe, les relations acquises devenant des termes et des moyens qu'il suffit de mentionner ; il se forme par ces moyens un automatisme de calcul qui se développe de plus en plus ; c'est aussi là l'image de ce qui se passe pour les synthèses d'idées dans l'esprit ; c'est aussi là l'image de ce qui se passe dans le fonctionnisme du corps, pour le fonctionnement des centres réflexes ; c'est enfin aussi là l'image de ce qui se passe dans la société moderne pour le développement du machinisme, des machines devenant des moyens automatiques pour créer des machines nouvelles, originales.

La précision parfaite étant le moindre attribut du Créateur, il ne faut pas s'étonner que la mathématique soit éminemment propre à représenter les lois du monde. Qu'elle représente les lois de relation des unités spirituelles ou des âmes dans l'espace, cela ne doit pas nous étonner davantage.

La représentation objective de l'âme, c'est la morphologie de l'âme ; elle est l'analogue de la morphologie des corps, qui sont aussi bien formés d'unités de même nature, de monades de degrés inférieurs, cependant avec des cohésions plus superficielles et moins stables, par des ordres psychiquement imparfaits.

En faisant la morphologie de l'âme, notre intention n'est nullement de revoir toute la science de l'âme, d'autant plus que nous ne nous adressons qu'à des lecteurs d'élite qui connaissent bien les conceptions courantes de l'âme.

Le point de vue auquel nous nous plaçons est subjectivo-objectif, extériorisant pour ainsi dire des relations internes en les développant spatialement.

Il sera d'abord donné une conception préliminaire des monades, suivant les idées de l'auteur, et une conception élémentaire des âmes composées.

Dans le même chapitre, d'une discussion de l'espace seront tirées des conceptions plus profondes de l'âme et des monades ; elles nous permettront, dans un second chapitre : *Des âmes en tant qu'idées vivantes*, de proposer des fonctions métaphysiques qui contiennent les âmes soit comme idées, soit comme forces.

Le troisième et dernier chapitre intitulé : *Des fonctions qui expriment les formes et les forces existantes*, fera entrevoir une synthèse métamécanique en unissant les fonctions métaphysiques aux fonctions mécaniques.

COMMENT NOUS CONCEVONS ÉLÉMENTAIREMENT LES MONADES ;
SUPPORT DES MONADES. — ÂMES COMPOSÉES ; DIVISIONS DE
L'AME COMPOSÉE CHEZ L'HOMME ; IMMORTALITÉ DE L'AME.

Les monades sont des unités psychiques réelles et
primordiales, qui jouent un rôle important dans plusieurs systèmes de métaphysique; le monadisme tel que
nous le concevons n'étant pas identique à celui dont
Leibnitz est l'illustre auteur, qu'on veuille bien ne pas
le confondre avec la *monadologie.*

*Les monades peuvent être regardées comme des aliénations
infiniment petites de l'Être intégral,* qui est l'Absolu, qui
est la Raison, qui est Dieu, et si on l'appelle la Monade
divine, comme il est indépendamment du temps, comme
il est le Tout, l'Entier, l'Achevé, cette Monade en elle-
même n'est pas l'Infini, mais elle est l'Un absolu.

Cette aliénation divine, de laquelle procède une monade, ne va pas jusqu'à isoler cette monade de l'Être ;
les monades ne sont pas hors de l'Être : il les contient
comme la Cause contient ses effets comme le Tout
contient ses parties, et il les contient intimement, tout
en leur laissant une spontanéité volontaire. Autrement
dit, Dieu est le propriétaire et les monades sont les
locataires de l'Être. Mais Dieu est encore *le support, le
fond inaliénable* de toutes les monades ; ce fond impénétrable, c'est seulement le Dieu qui ne se communique
pas, Dieu au-delà de ses rapports avec le monde, et

c'est *l'unique Chose en soi*, l'insondable par essence.

D'autres manières Dieu se communique : il se communique par la raison universelle, harmonie pré-établie, ainsi que nous l'avons déjà dit, et il assure spatialement les communications des êtres, ainsi que nous le verrons quelques pages plus loin.

Il y a des communications partielles entre monades qui ne vont pas jusqu'à les identifier totalement ; cependant Dieu a le pouvoir nouménal de fondre des âmes et de ramener le multiple à l'unité, à une unité supérieure. Une âme composée résulte d'une communion étroite de monades, qui n'est qu'une fusion relative, mais qui présente une stabilité phénoménale complète, stabilité dynamique, indivisibilité dans l'ordre de la nature ; pour cela, l'âme peut être considérée comme un composé divin.

Une monade est un être complet dans sa simplicité, c'est-à-dire un être qui se sait, qui se sait causé et cause, qui a sa raison, qui perçoit, qui désire, qui a un pouvoir d'agir, qui veut et qui pâtit des résistances.

Une monade est semblable à un œil impénétrable qui se déplace avec une prodigieuse vitesse dans la direction qu'il choisit ; cet œil, qui a conscience et vouloir, doit s'écarter devant une autre monade pour poursuivre son but, et il le fait en changeant l'orientation de la vitesse qui lui est inhérente, qui est une intensité en rapport avec son ordre monadique.

Une monade incidente est, vis-à-vis d'une autre du

même ordre, telle qu'un atome, parce qu'une monade objectivée est identique à un atome ; plus exactement elle est semblable à un atomoïde, s'il ne s'agit pas de monades du dernier ordre. A cette origine, *il y a identification du sujet et de l'objet* [1]. Dans un autre paragraphe, nous reviendrons sur la question de la communication des monades, laquelle réapparaîtra avec d'autres concepts.

Des monades plus élevées en existence que les monades de dernier ordre qui ne sont que les unités inférieures de l'éterre, ne se séparent pourtant que par une certaine abstraction de leurs fonctions et des corps de monades qu'elles subordonnent en réglant les limites de leurs activités.

On peut, dans l'espace, assimiler les monades inférieures de l'éterre à des points réels et actifs, dont le parcours est la trajectoire d'une force, et provisoiremen t, on peut encore assimiler à des points, par rapport aux milieux où elles se développent, des monades qui ne sont pas au-dessus de l'âme humaine.

Les monades, non combinées entre elles, ce sont des âmes simples, absolument nues ; âmes de tout ordre, de toutes valeurs en elles-mêmes, elles sont appelées, en raison de leurs valeurs, à diriger des systèmes naturels, qui plus stables et plus autonomes seront des âmes com-

---

[1] L'unité, qui se présente comme objet dans une relation intime, pourrait aussi bien être sujet, dans une relation intime, par un changement de centre de conscience.

posées, qui, plus instables et plus hétéronomes, seront
des corps. Ces âmes monadiques font fonctions direc-
trices de vivants, et, à leur tour, sont des variables subordonnées dans les systèmes qui les encadrent. Les
monades les plus obscures font fonction d'atomes pri-
mordiaux et n'ont pas de corps sous elles ; les monades
immédiatement au dessus remplissent les fonctions
d'atomes composés, puis elles dirigent les premières
unités organiques ; ensuite plus haut, elles dominent
des corps animaux ; proprement pensantes, elles ont en
leur pouvoir des corps psychiques de monades lucides ;
transcendantes enfin, elles régissent des natures et des
mondes.

De la conjugaison multiple, de l'association intime, de
l'harmonie psychique, des monades ou des âmes
simples suivant une hiérarchie continue, résultent des
ordres autonomes, des âmes composées.

Les systèmes, qui méritent vraiment le nom d'âmes
composées, ont pour unités communes des monades de
degrés plus élevés que celles des corps dits bruts. Dans
la suite, nous découvrirons une distinction des âmes et
des corps bien plus caractéristique et bien plus nette
que les précédentes distinctions. Chez l'homme, l'hypothèse de l'âme composée est confirmée par les phénomènes de la distraction, du dédoublement de l'attention,
de la mémoire, de la subconscience, et surtout elle est
démontrée par les expériences d'hypnotisme et de som-
nambulisme, qui mettent en évidence un polypsychisme,

Le raisonnement n'est pas en contradiction avec l'observation et avec l'expérience. Comment concevoir, en effet, que l'âme humaine, si elle n'est pas composée jusque dans la sphère intellective, puisse former des idées variées, perpétuellement mobiles, et puis combiner ces idées, lorsque, se repliant sur elle dans la réflexion, elle exclut tous les objets intérieurs et qu'elle devient un monde fermé ?

Une relation interne nécessite plusieurs termes ; une âme simple, une monade, pendant qu'elle est isolée, est dans le noumène et ne peut communiquer rien qu'avec Dieu. Pour d'autres motifs nombreux, qui tiennent à un système d'ensemble, la multiplicité de l'esprit est une conception qui s'impose à nous.

Les monades qui constituent l'âme composée, étant en ordre, sont mutuellement en des lieux respectifs, sont dans l'espace dès qu'on pose l'espace, dès qu'on pose leurs possibilités relatives.

Une âme, telle que celle de l'homme, est donc un essaim de monades qui est ordonné hiérarchiquement, selon une progression de genre géométrique.

L'ordre est actif, dynamique, de façon que toutes sont en mouvement dans l'espace où elles accomplissent des périodes infiniment rapides, plus étendues, plus variées et plus infléchies, à mesure qu'elles sont de rangs plus élevés, c'est-à-dire à mesure qu'elles sont moins passives.

Si, pour se figurer la formation animique des monades, on prenait pour centre de gravité la monade do-

minante, puis que, répartissant tout autour les monades
de premier rang après elle, on en fasse les centres se-
condaires de monades de rangs moindres, qui ont des
directions particulières, ce ne serait encore là qu'un
ordre statique. En ordre dynamique, la dominante doit
envelopper par ses orbes toutes les monades principales
avec lesquelles elle est en communication périodique ;
sa vitesse est sans doute assez considérable pour que sa
position moyenne se figure au centre de gravité, bien
qu'elle soit instantanément sur une périphérie et sur le
rayon qui est le plus affecté par l'action, qui est la zone
la plus active ; il en sera de même des monades principales dans leurs ressorts ; si on les situe au centre des
ressorts, c'est qu'elles décrivent des courbes presque
instantanées autour de ces centres.

L'esprit proprement dit chez l'homme est un noyau
d'une subtilité supérieure, lequel constitue une première
âme composée, très homogène : l'âme intellective ; et
c'est là l'âme qui lui donne sa qualité, et c'est là
l'esprit pur de l'homme. Cet esprit pur a une première enveloppe moins intense et moins parfaite, qui
lui fait comme un milieu vital, qui la lie à la vie organique, c'est la seconde âme, c'est l'âme sensitive ; l'esprit, ne contenant pas l'âme sensitive, ne peut la dominer
complètement, et il doit subir ses poussées ; cette âme,
motrice et imaginatrice, commande directement le cer-
veau et les nerfs ; elle est en partie dans le pouvoir de
la nature, qui la régit par des influences spécifiques ;

une seconde enveloppe, plus grossière et plus passive, est enfin l'âme végétative, troisième âme composée, dernier réseau impondérable; elle dépend totalement de la nature, et d'une nature plus élémentaire que l'âme sensitive; elle ne participe pas à la conscience de l'individu vivant.

En l'état normal, elle sert de gaine à l'âme sensitive; l'âme sensitive se canalise dans les tissus nerveux, et par suite elle revêt la forme du corps.

L'âme végétative est la forme même du corps, et ses lignes axiales sont les réseaux de l'âme sensitive. Mais, dans les états anormaux, l'âme sensitive s'intériorise et s'extériorise en déterminant dans son ambiance des effluves vibratoires; sans quitter le corps, ainsi qu'une comète qui ne quitte pas son noyau, elle peut projeter à de grandes distances dans l'espace ses essaims de monades, et elle peut permettre par son déplacement le déplacement de l'âme intellective.

L'ensemble de l'âme intellective, de l'âme sensitive et de l'âme végétative forme à la monade dominante un corps subtil et prématériel, qui est aussi bien ce qu'on nomme le corps astral.

Ce corps n'est pas immortel, à moins qu'il ne soit reconstruit par un pouvoir spécial; car l'âme végétative, qui est à peine une âme cohésive, ne survit pas à la mort; l'âme sensitive subit une dissolution ou un triage. L'âme intellective a une immortalité contingente; elle doit s'accroître ou se diminuer, suivant son mérite, en passant d'existences en existences; elle est destinée à

des fonctions de natures diverses. Par son progrès
moral et spirituel, elle parvient à se dégager des milieux
grossiers et matériels pour atteindre le monde stable et
subtil des esprits purs qui composent l'âme du monde,
la partie essentielle et prépondérante du monde, la
norme de la vie éternelle.

« Les preuves de l'existence de l'âme, dit Dugald-
Stenart[1], psychologue anglais, sont tirées de la connais-
sance que nous avons de ce qui se passe en-dedans de
nous; celles qui établissent l'existence des corps ne
nous sont fournis que par les objets de nos perceptions. »

Une preuve générale de l'immortalité de l'âme, en
quelques mots, c'est qu'elle doit être parfaitement stable
et viable, en tant qu'elle est l'œuvre de l'Être parfait, de
l'Artiste infaillible; par contre, elle ne saurait être stable
et viable dans les annexions qui ne procèdent plus de la
loi divine; elle ne saurait l'être essentiellement que dans
son continu de monade, que dans l'unité indivisible de
ce continu, continu qui va être expliqué.

CONCEPTION DE L'ESPACE : DISTINCTION DU VIDE ET DU PLEIN,
  DU CONTINU ET DU VARIABLE. — COMMENT L'ÊTRE EST LE NON-
  ÊTRE. — PREUVE DE L'EXISTENCE DE DIEU PAR L'IDÉAL-RÉEL.

La confusion de l'espace vide, absolument vide, et de
l'espace plein, dimensionné et occupé par des êtres, a

---

[1] *Philosophie de l'Esprit humain*, Introduction, 1ʳᵉ partie.

engendré des concepts contradictoires ; espace plein et
espace vide doivent cependant être distingués aussi caté-
goriquement en métaphysique que l'être et le non-être.

Par rapport à l'espace plein, l'espace vide est infini ; il
est divisible à l'infini, il est continu, il est homogène, il
est sans passivité ou sans résistance, il est indéterminé
quant aux dimensions.

Son image est l'espace mathématique, le réceptacle
de toutes les formes et la possibilité de toutes les
formes et de tous les déplacements.

L'espace plein, qui se définit par rapport à l'espace vide,
est rempli dans une certaine mesure ; il est tout autour
limité par le vide, soit dans son ensemble, soit radicale-
ment dans ses parties; il est fini par extension; il n'est
divisible que jusqu'à ses unités primordiales, qui doivent
nécessairement le constituer ; il est discontinu comme
pleins et comme degré de plénitude; il est quelque chose
de variable dans l'espace vide, qui, en somme, demeure
fixe.

Or donc, à quoi correspondent les pleins? à des
atomes indivisibles, et ceux-ci à des monades; mais les
monades sont des aliénations de l'être, tandis que les
atomes sont des aliénations de l'espace continu.

La possibilité infinie que présente l'espace vide, son
indépendance, son unité, sa continuité, son homogénéité, ce sont d'ailleurs en objectivation des propriétés
qui sont ensemble exclusivement celles de l'Être
immuable, de Dieu.

Si les monades sont aussi bien des aliénations de l'espace vide que de l'Être immuable, c'est que le vide est la projection de Dieu, c'est que l'Être continu est Dieu objectif. Les pleins sont les êtres du vide, êtres par lesquels l'espace (Dieu objectif) se laisse modifier, sans résistance, en se substituant constamment à la place qu'ils abandonnent, et en leur cédant une place équivalente pour leur permettre de se mouvoir, d'entrer en activité et en relations.

D'autre part, Dieu subjectif sollicite les mêmes êtres ou monades à se mouvoir en fournissant des intuitions à leurs raisons.

.˙.

La conséquence de ce rapport de l'espace plein et de l'espace vide se résume dans cette formule, étrangement paradoxale, qui identifie l'Être et le non-être : — l'Être est le non-être, — c'est-à-dire, pour parler ouvertement, *l'Être métaphysique est le non-être physique, ou le vide.*

Et encore dans la formule inverse : *l'Être est le non-être* — c'est-à-dire — *l'Être physique n'est pas l'Être métaphysique, n'est pas l'Être immuable.*

Ces formules rejettent le panthéisme, dans lequel il pouvait sembler que nous tombions en faisant de toutes choses des aliénations divines ; car la formule du panthéisme c'est : l'Être est, et le non-être n'est pas.

Elles repoussent également le matérialisme, qui est exprimé par la formule : le non-être est et l'Être n'est pas, prise dans le sens exclusif de l'Être. Elles s'appliquent à un spiritualisme pur, qui ne repose que sur un seul absolu, l'Être métaphysique, la Raison.

L'être physique, qui n'est pas l'Être métaphysique, l'Être immuable, c'est l'Être variable, c'est l'Être qui change, c'est le multiple, c'est le devenir.

La loi mathématique exprime tous les états possibles d'un mouvement, toutes les phases de ce qui varie ; elle est au-dessus du changement et du devenir, quand on la comprend ainsi ; et c'est ce qui permet de la considérer comme une approximation métaphysique, comme une juste tendance à donner par une fonction le rapport du variable à l'invariable, de l'effet à la cause.

Pour le point de vue objectif tout matériel, l'Être se présente comme quelque chose d'insaisissable, comme un non-être, tandis que, pour le point de vue subjectif pur, l'être multiple, qui ne se possède point en soi, n'est pas le fond de la réalité ; le premier point de vue pose que l'être multiple et qui devient est l'Être, ce qui n'est juste qu'en prenant le phénomène pour réalité ; et le second pose au contraire que l'être multiple et qui devient n'est pas l'Être, ce qui est juste en prenant le noumène pour réalité.

La synthèse, nous l'avons vu, c'est : *l'Être physique est le non-être métaphysique ; l'Être métaphysique est le non-être physique.*

L'Être métaphysique, qui est aussi le fixe, l'absolu, le continu, l'un, l'entier, s'oppose à l'être physique, qui est

le variable, le discontinu, le multiple, l'infini relatif, ce
qui devient. Une chose fort curieuse, c'est que, dans ces
formules, les attributs de l'être physique sont les inverses, ou les contraires, des attributs de l'Être métaphysique ; ce qui résulte de l'inversion réciproque des
points de vue, et ce qui a encore des significations
occultes qui nous dépassent.

.[.].

Dans le devenir, la certitude ne s'acquiert que par un
défrichement d'erreurs qui sont des moins-êtres, qui
sont des existences mêlées de non-êtres, pas de purs
non-êtres, bien entendu. Embrassant tout devenir, est
l'homogène absolu : l'Être du vide, qui est à la fois le
non-être physique et l'Être métaphysique ; cette identité
transcendante de l'être et du non-être s'écrit aussi :
Dieu objectif $=$ le vide infini.

Dans cette fonction nouménale, mettons leurs valeurs
algébriques à la place des deux termes; (1) Dieu c'est
l'Entier, l'Unité parfaite, c'est 1. Le vide infini, c'est
zéro multiplié par l'infini, c'est $0 \times \infty$. Il vient :

$$1 = 0 \times \infty.$$

$1 = 0 \times \infty$ équivaut à $\frac{1}{8} = 0$, qui est une identité que

l'on connaît en mathématique ; elle vérifie bien l'identité
logique ; elle résoud la question de l'infini par la solution
finiste (1).

Tout ce qui a été dit était nécessaire, et nous allons en revenir aux âmes avec des forces nouvelles. Auparavant faisons entrevoir une preuve originale de l'existence de Dieu. Objectivement, l'Espace vide nous offre, comme réalité externe et comme fait d'observation, une possibilité d'action infinie ; subjectivement, la conscience du parfait nous offre, comme idéalité interne et comme notion de raison, une possibilité d'agir, de vouloir et pouvoir bien agir illimitée, la libre possibilité du devoir que la perfection pose.

Or, dans un être *pensant et actif*, ces deux infinis se nouent et se complètent, deviennent alors un idéal-réel, auquel cet esprit participe, idéal-réel qui correspond métaphysiquement à l'idée de Dieu. En somme, Dieu est l'existence idéale, ou l'essence que nécessite la liberté subjective, en même temps qu'il est l'existence externe ou la réalité, qui permet la liberté objective, l'action sur le dehors. Cette preuve subjectivo-objective est malheureusement assez délicate.

LES ÂMES ET LES MONADES CONÇUES COMME DES ESPACES TRANS-CENDANTS ET COMME DES CONTINUS RELATIFS. — DIFFÉRENCE DE STRUCTURE DES ÂMES ET DES CORPS. — PROBLÈME DE LA COMMUNICATION DES ÊTRES ET DES MONADES.

En tant qu'aliénations de l'Être du vide, les monades sont des espaces continus limités ; ces espaces individuels ne sont pas mathématiquement nuls ; mais, si l'on

considère une monade isolée, son espace n'a pas pour
elle de grandeur objective, ni pour une autre du même
ordre qui ne la touche qu'en un point à la fois.

La question changera quand nous passerons aux
âmes composées, qui sont des combinaisons de monades
d'ordres différents de grandeur.

Par une autre voie, nous pouvons encore déduire que
les âmes et les monades sont des espaces fermés et in-
dépendants.

Tous les êtres, étant tirés de l'Être intégral, sont de
même nature substantielle que Dieu, sont homogènes
avec l'Être, à la puissance et à la limitation près. Toutes
les âmes et toutes les monades sont par conséquent des
réductions divines plus ou moins infiniment petites,
toutes par conséquent en objectivation, sont des réductions infiniment petites de l'Espace vide, sont des espaces
ou des sphères limitées tant en dimension qu'en puissance dimensionnelle, sont des sphères de grandeurs
diverses, à x dimensions.

L'idée de la réduction divine peut être et doit être
poussée plus loin. De même que l'espace divin se fait
le réceptacle d'espaces particuliers et fermés qui sont
des monades, une âme construite sur le même type
en tant qu'espace continu se fera le réceptacle d'unités
ou de monades d'ordres inférieurs. Dès lors, il faut
concevoir qu'une monade dominante contient dans
son espace interne les monades subordonnées à elle
comme l'Espace vide universel la contient, ou encore

comme l'espace d'une monade transcendante (qui est matérialisé dans une sphère céleste) la contient, comme les deux la contiennent; car l'aliénation de l'espace que Dieu fait en faveur d'une monade ne lui enlève pas ses droits sur cet espace dont il détient un fond inaliénable; car il n'est pas possible qu'il abandonne absolument des monades d'ordre inférieur à la monade d'ordre supérieur qui les enveloppe.

Nous voici en possession d'*une conception transcendante de la monade et de l'âme*, qui satisfait grandement aux conditions de l'esprit et qui pénètre une réalité extrêmement profonde. En premier lieu, il convient de constater qu'une monade qui en contient d'autres devient par ce fait une monade dominante, et avec ces autres une âme composée. En tant que continu, elle est monade dominante ; en tant qu'éléments multiples, pleins dans ce continu, qui se trouvent associés sous une même loi, elle est âme composée dans le sens réel, elle est esprit pur qui a son unité. En second lieu, on comprend clairement qu'elle puisse en disposant du continu, en limitant le développement de ses monades subordonnées, assurer son ordre interne ; elle le domine réellement parce qu'elle l'enveloppe d'une façon continue et parce qu'elle oppose à tout mouvement la résistance qu'elle veut, le milieu vide qui est elle-même en substance étant à son gré plus ou moins actif, plus ou moins passif. En troisième lieu, il est possible de se faire maintenant une notion exacte de la relation interne qui établit l'intraperception : c'est la relation qui a lieu dans l'intérieur d'un esprit pur, dans l'intérieur d'une monade — relation, dite intraperception — à laquelle participent tous les éléments, toutes les unités monadiques en cet esprit. La nécessité *d'une relation interne* s'imposait ; mais sa représentation échappait à l'intelligence avant que la conception de l'espace animique n'ait été produite ; elle s'oppose très nettement à la relation externe qui vient s'arrêter sur la surface de la monade ou de l'âme, pour parler objectivement, qui vient s'y arrêter comme sur un plein impénétrable.

.˙.

En général, dans une a... composée, la monade dominante est analogue à une sphère, sphère physiquement vide, dans laquelle se développent des monades d'ordre de grandeur inférieur, qui à leur tour en renferment de second ordre, et ainsi de suite.

L'espace de la dominante, qui enveloppe n ordres de grandeur de monades, réalise au moins un espace à $(n + 1)$ dimensions, il est à $(n + p)$ dimensions, si la monade de l'ordre le plus bas est déjà à p dimensions, donne déjà p dimensions, on verra plus loin comment.

Il semblerait que la géométrie de Riemann soit théoriquement plus appropriée que celle d'Euclide aux espaces sphérimorphes que sont les monades et les

âmes de cette sorte; il faudrait encore l'étendre à plus
de trois dimensions en général.

La variation de l'espace pur de la monade, qui est un
milieu pour ses éléments, se produit vraisemblablement
autour de son centre de figure; ainsi elle présente en
gros une série de surfaces sphériques comme lieux
d'isotropie.

.·.

M. H. Poincarré a imaginé comme exemple d'un espace
non euclidien [1], un espace sphérotrope qu'on pourrait
presque attribuer à l'espace monadique. C'est un espace
constitué de telle façon que les figures qui s'y meuvent
décroissent du centre à l'extérieur. Comme il a fait la
conjecture d'un semblable espace pour l'Univers, on
peut précisément la faire aussi pour l'espace psychique
de la monade dominante, qui n'est qu'une réduction de
l'Univers.

Il suppose un monde renfermé dans une grande sphère
soumise aux lois suivantes : La température, variable,
est maxima au centre, et elle diminue pour se réduire à
zéro absolu à la limite périphérique de la sphère; il précise une loi de la température: R étant le rayon de la
sphère limite, r la distance du point, qu'on veut considérer, au centre de cette sphère, la température absolue sera proportionnelle à $R^2 - r^2$. Puis il fait les sup-

[1] *Revue de Métaphysique et de Morale*, nov. 1895 : « *l'Espace
et la Géométrie* ».

positions suivantes : dans ce monde-là tous les corps ont
le même coefficient de dilatation, de telle sorte que la
longueur d'une règle quelconque est proportionnelle à sa
température absolue. En outre, l'équilibre de température
d'un objet transporté est immédiat avec celle du milieu.

En raison de ces hypothèses, un objet mobile deviendra de plus en plus petit à mesure qu'on se rapprochera
de la sphère-limite. Enfin il suppose que la lumière tra-
verse des milieux dont l'indice de réfraction est inver--
sement proportionnel à $R^2 - r^2$, de telle manière que
les rayons lumineux y deviennent circulaires. Si un tel
monde est assujetti au point de vue de notre géométrie
normale, il paraîtra infini à ses habitants. « Quand ceux-
ci en effet, dit l'éminent mathématicien, veulent se rap-
procher de la sphère-limite, ils se refroidissent et deviennent de plus en plus petits ; les pas qu'ils font sont
donc aussi de plus en plus petits, si bien qu'ils ne
peuvent jamais atteindre la sphère-limite.

Pour ces êtres, la géométrie sera l'étude des lois suivant lesquelles se meuvent non plus des solides inva-
riables, mais des solides déformés par les différences de
température.

Que si dans notre monde les solides naturels éprouvent
des variations de forme et de volume dues à l'échauf-
fement et au refroidissement, que si la géométrie les néglige parce qu'elles sont très faibles, irrégulières, acci-
dentelles, dans ce monde hypothétique, il n'en sera plus
de même, les variations y suivant des lois régulières et

très simples. D'autre part, les corps de ses habitants subiront mêmes variations de forme et de volume que les objets, et, par suite de la réfraction courbe, les impressions visuelles seront restées les mêmes pour eux.

L'ensemble de l'objet sensible et de l'objet sentant demeureront encore solidaires dans le phénomène du déplacement non-euclidien ; car, quoique les distances mutuelles varient, les parties primitivement en contact reviennent en contact, et les impressions tactiles ne changent pas.

Des phénomènes analogues à ceux que nous connaissons, conclut M. Poincaré, se présenteront donc à ces êtres imaginaires.

Les intérieurs incandescents, fluides ou pseudoliquides des globes du soleil et de la terre pourraient peut-être satisfaire en partie aux lois qu'a imaginées là M. Poincaré ; d'ailleurs, il n'est point impossible d'assimiler les globes célestes à des monades constituées à de grandes échelles.

Cette hypothèse métagéométrique, présentée ici, a pour utilité de donner une idée matérielle de ce que peuvent être des mondes internes.

Inversement, il n'est pas plus invraisemblable d'attribuer aux monades qui jouent le rôle de milieux un espace sphérotrope à croissance centrifuge ; c'est-à-dire que les figures, au lieu de décroître, comme précédemment, du centre à la périphérie, décroîtraient de la périphérie au centre. Des êtres vivant dans cet espace diminueraient de grandeur en se dirigeant vers le centre qu'ils ne pourraient jamais atteindre et qui serait pour eux à l'infini.

Partant d'une idée différente, on peut supposer un espace dans lequel un point qui se meut d'une façon continue, comme par inertie, serait géométriquement assujetti à revenir au centre de cet espace au bout d'un temps et d'un parcours variables selon le départ; ce serait *un espace à réflexion* [1].

Dans cet espace ainsi fermé par réflexion, il y aurait un centre par lequel passeraient et repasseraient toutes les trajectoires, ce pôle étant le point de départ et le point de retour de toutes les courbes centrifuges qui formeraient les surfaces naturelles de cet espace et qui engendreraient ses dimensions, son volume, par des boucles géodésiques, ayant toutes la forme du signe algébrique ∞, qui signifie justement l'infini.

.•.

La conception transcendante de la monade étant une conception qui, des monades, ou des unités réelles, fait objectivement des espaces vides, une vérification inattendue, une certaine vérification par le physique, se présente indirectement pour elle. Cette vérification se trouve être offerte d'ores et déjà, grâce à une théorie récente de science pure, qui considère les atomes, les molécules, les globes célestes, comme des tourbillons de

[1] De là un rapprochement vers la géométrie de Lobatschewski, à courbures négatives.

dépression ou de vide dans éterre [1] ; nous voulons parler
de la théorie scientifique de M. A. Duponchel [2]. En se fon-
dant sur sa théorie, théorie originale, neuve en tant qu'application (malgré qu'elle se rattache à l'idée générale du
tourbillon de Descartes), M. Duponchel arrive à expliquer
des faits très différents dans l'ordre physique : 1° il en
déduit des concordances thermochimiques ; 2° il est
conduit à adopter entre les unités moléculaires des proportions harmoniques et numériques satisfaisantes (conformes à l'idée pythagoricienne) ; 3° il obtient des expli-
cations astronomiques, telles que celles des périodes des
taches solaires.

Cette théorie, qui, en résumé, se présente comme une
hypothèse scientifique bien liée, plusieurs fois justifiée,
qui se rattache aux données de l'observation, trouve elle-
même la réalité *substantielle*, qui lui manquait, dans la
conception transcendante de la monade. Physiquement,
en effet, elle semblait n'être qu'une pure coïncidence
de représentation mathématique, parce qu'elle ne com-
posait des masses qu'avec des vides absolus, *qu'avec des
non-êtres physiques*. Mais, comme nous venons de conférer
aux tourbillons vides une profonde réalité d'existence,
la réalité supérieure des continus, lesquels sont essen-

---

[1] Nous écrivons « éterre » au lieu d'éther, « e terrâ » étant
une autre étymologie proposée par nous pour le fluide extra-
terrestre afin de le distinguer de l'éther chimique.

[2] *Nouveau Principe de Théorie cosmogonique*, exposé dans
la *Revue scientifique*, 1894, 2ᵉ semestre, pp. 105 et 140 ; 1895,
2ᵉ semestre, pp. 578 et 645 ; 1896, 2ᵉ semestre, p. 353.

tiellement des êtres métaphysiques et des sources de
forces, elle acquiert par là une base réelle, et elle sert
ici de trait d'union entre la raison et l'expérience.

∴

Cette composition des monades d'ordres différents de
grandeur, qui se combinent en s'introduisant les unes
dans les autres, les plus grandes servant d'espace continu
aux plus petites qui y forment les pleins, est *une intraposition*, une superposition interne, tandis que la composition des éléments matériels, des masses sensibles,
qui s'agrègent pour former les corps pondérables et les
corps organiques, est une juxtaposition, une superposition externe. De cette distinction résulte la différence
intime de génération des âmes ou corps spirituels, et des
choses ou corps non spirituels. Les âmes, en tant qu'esprits purs, sont faites de continus, au lieu que les corps
sont faits de discontinus ; les premières sont des fusions
d'existences, et les secondes ne sont que des annexions
d'existences ; les premières sont stables, conformes à
l'ordre parfait, et les secondes sont instables, produits
d'un ordre imparfait. *Le pur esprit ne peut se nourrir
vraiment que du continu*, qui, au fond, est le divin; il ne
s'accroît que par une cession de substance divine ; dès
que l'âme veut s'agrandir par le dehors, en s'annexant
des existences externes, elle s'enchaîne à un corps et
elle devient prisonnière en enfreignant la loi divine,

qui lui a posé ses limites, qui lui a défendu de s'emparer des germes d'une autre nature, et qui lui a prescrit de se contenter de ses propres fruits, de ses propres monades.

Chez l'homme, l'âme intellective est seule normale et stable, extensible par le décret divin qui en autorise l'accroissement; les autres enveloppes et le corps ne sont que des superstructures d'une nature, dans laquelle l'âme primitive s'est vue emprisonnée successivement, comme un oiseau dans une chambre et dans une cage.

La notion de la monade dominante, hormis ses aliénations, étant encore celle d'un pouvoir d'unité animique, celle d'un centre d'attraction ou d'amour de l'être, celle *d'une raison latente* et promotrice qui est distincte des idées ou *de la raison définie* par elles, s'assimile à la notion du cœur au sens intuitif de Pascal; le cœur spirituel, c'est l'âme nue elle-même, avant que son intuition ne se soit comme spécifiée dans des formes idéales, l'âme composée, dite intellective, comprenant les formes idéales vivantes qui figurent dans le contenu de l'âme nue, dans l'espace interne de cette monade.

∴

Le problème de la communication des êtres et des monades se ramène à celui de la communication des forces et à celui de la communication des idées d'unités à unités. Dans l'espace, les monades, qui sont des forces à plusieurs titres, se transportent soit avec passivité, soit avec activité; quoique accumulant de la force, elles n'en déploient que lorsqu'elles se transportent avec activité. Objectivement, les forces de toutes puissances[1], les monades et les âmes de toutes puissances, se déplacent par l'unique moyen de transmission objective, qui est la force de puissance linéaire ou la vitesse simple. Subjectivement, le mouvement est le phénomène de changement externe qui résulte de la transmission, de la répartition et de l'opposition, des forces métaphysiques. Les raisons et les idées sont des forces métaphysiques qui se transmettent; les êtres communiquent entre eux par le mouvement, et les idées sont transmises spatialement par le mouvement. Tous les vivants composés se signifient des idées à travers l'espace, à l'aide de monades détachées, ou à l'aide d'atomes simples détachés d'eux, qui servent d'agents intermédiaires ultimes. Au dehors, il reste à expliquer la communication finale, entre les derniers agents, entre ces atomes simples ou entre ces monades élémentaires, plus généralement la communication finale entre deux monades externes, qui ne font pas fonctions d'atomes simples. Car, dans l'espace, il n'y a plus d'éléments entre deux atomes simples ou monades quelconques qui ne sont plus séparés que par le vide continu. Or deux solutions seulement sont possibles : ou bien ces deux atomes ne se reconnaissent qu'au moment où ils se touchent, et ce n'est qu'à ce

---

[1] En ce traité, nous laisserons au concept de force son sens le plus étendu, indépendamment des définitions particulières.

moment qu'ils sortent de leur inertie, qu'ils se dévient en roulant l'un sur l'autre, sans choc et sans frottement (si on doit déjà prononcer ces noms d'effets complexes).

Par leurs directions et leurs vitesses relatives, ils prennent en cet instant une intraperception commune de leur rapport d'existence ; ils échangent une idée rudimentaire. Ou bien ces deux atomes se reconnaissent avant de se toucher à une distance fixée par un pouvoir divin, ou animique dérivé du divin, le vide continu étant l'agent divin, la substance divine de l'espace métaphysique, qui peut tout réunir et tout séparer, et ce vide existant aussi dans un espace monadique. Pour cette reconnaissance, il suffit que le continu, qui est normalement sans passivité, sans résistance, s'interpose comme résistance, se fasse passif entre les deux atomes lorsqu'ils parviennent à un rapprochement qui ne doit pas être dépassé. Dans ce cas, c'est la Monade divine, ou c'est la monade dominante de cette région du vide, qui crée une limite pour réaliser l'ordre spatial. *Tout se passe encore comme si chaque atome était protégé par une sphère impénétrable.* Il s'ensuit que ces atomes eux-mêmes se montrent tels que des espaces transcendants, lesquels procèdent d'une aliénation de l'Espace, d'une aliénation de l'Être du vide.

Quoi qu'il en soit, la communication des atomes s'effectue objectivement suivant une figure décrite par leur point unique de contact ; ce point de contact met une continuité partielle entre les unités pendant une durée et met ainsi un lien subjectif entre elles ; cette limite commune, cette intersection, est ainsi une figure, mais c'est aussi l'idée en forme, laquelle idée est une limite et une figure. Cependant des idées d'une valeur appréciable ne résultent que de la limitation mutuelle d'unités qui sont très supérieures aux simples atomes. Leurs intersections répondent à des figures identiques aux idées en forme, et elles sont produites par les contacts dynamiques de nombreuses unités inférieures et d'innombrables atomes simples.

En ce qui concerne les communications entre des monades internes et la monade d'ordre supérieur *qui les enveloppe*, elles sont assurées *par cette hypothèse* d'une façon continue ; la figure développée par ces monades internes est l'idée réalisée par la monade intégrante, laquelle idée est analogue à son objet externe, laquelle figure est comme une anamorphose de la figure d'intersection de l'objet incident sur la monade intégrante. De ce que les idées sont en forme des intersections d'espaces, espaces sphérimorphes, et puis, par composition, polymorphes, de diverses grandeurs, et à plusieurs dimensions, on déduit qu'elles correspondent comme les objets à des figures géométriques animées. *Les idées sont des objets internes, et les objets sont des idées externes.* Il y a réduction sous transposition analogique du grand externe au petit interne, il y a réduction du Vivant ou de l'Idée suprême au dernier atome ou à la dernière monade.

CHAPITRE II

DES AMES EN TANT QU'IDÉES VIVANTES

———

DES IDÉES VIVANTES, OU DES ÊTRES COMPOSÉS DEDANS L'ESPRIT. — S'IL EST VRAI D'AFFIRMER QUE LES IDÉES SONT DES OBJETS INTERNES ET QUE LES OBJETS SONT DES IDÉES EXTERNES, IL N'EST PAS MOINS VRAI D'AFFIRMER QUE LES IDÉES SONT DES ÊTRES INTERNES ET QUE LES ÊTRES SONT DES IDÉES EXTERNES.

Les systèmes naturels de divers ordres, qui sont des êtres vivants de divers degrés d'existence, sont des enchaînements de monades, sont des figures, dont les centres, dont les nœuds, dont les points, sont des monades. Les idées ne sont pas moins de telles figures dans le continu d'une âme ; les monades qui composent cette âme, la composent de systèmes variables, qui sont des idées vivantes. Ces formations sont éminemment vivantes, sont, si l'on peut dire, plus vivantes, car elles ont une cohésion plus grande, une solidarité plus intime que les figures *vivantes* de l'espace : animaux, plantes, organismes et sociétés, dont la cohésion psychique est souvent très imparfaite, dans lesquels l'intraperception relative se manifeste par une conscience très limitée.

C'est par une figure interne vivante que l'âme revêt

une forme personnelle, que l'âme se détermine en une personnalité qui a ses rapports, et qui alors a sa traduction spatiale ou mécanique. Un esprit est une synthèse d'idées vivantes qui s'harmonisent entre elles et avec le dehors, grâce à la direction de l'âme monadique et à la hiérarchie qui se poursuit en sous-ordre d'âmes en âmes.

Toutefois ces idées vivantes doivent être très nettement distinguées des idées représentatives, des idées cérébrales, vis-à-vis d'elles, moules expressibles et réminiscibles; ces dernières ne sont, à notre estime, que des sortes d'épreuves photographiques et acoustiques, qui représentent seulement des états des idées vivantes; elles ne sont que des schèmes partiels, qui sont abstraits des idées vivantes pour en signifier les phases et les moments; elles ne sont que des matrices dynamiques tirées sur les idées vivantes, conservées et transmises automatiquement, afin de leur faire produire en temps et lieu tous leurs effets, afin de réaliser le synchronisme de l'annexion vivante qu'est le corps organique, et afin d'agir par ce corps sur le monde extérieur des corps et des vivants corporés.

Désormais on peut concevoir comment, au fond, des relations définies, mathématiques ou algébriques, sont possibles entre des idées et des choses et des êtres, par suite, comment identiquement elles sont possibles entre des forces, et des causes et des effets, et des espaces et des figures, pourvu que l'on se place au point de vue d'un observateur impassible et neutre, toujours extérieur.

Quelque osé que cela puisse paraître, et quelque éventuel qu'il soit de se tromper dans des tentatives si avancées, comme il y a un début approximatif à toute recherche, il faut immédiatement essayer d'exprimer toutes ces existences métaphysiques par des fonctions algébriques, et il faut commencer par chercher une fonction qui lie l'idée à l'objet.

EXISTENCES MÉTAPHYSIQUES EXPRIMÉES PAR DES FONCTIONS MATHÉMATIQUES. — FONCTION DE L'IDÉE EN ELLE-MÊME ; QUE CETTE FONCTION EST UNE MOYENNE PROPORTIONNELLE ENTRE LE SUJET ET L'OBJET.

Que l'idée en elle-même dépende du sujet qui l'a, et de l'objet qui est la chose à idéer, cela ne peut faire aucun doute ; le sujet est la matière animique, qui revêtira la forme de l'objet. Dire que l'idée est une relation entre les deux termes, sujet et objet, c'est poser que *l'idée est une fonction dont les variables sont le sujet et l'objet.* Cette fonction est continue : parce que tout objet, en devenant différent, produit sur un sujet une idée différente, parce que tout sujet, en devenant différent, tire d'un objet une idée différente, parce que toute idée suppose constamment son objet et son sujet.

C'est pourquoi on a : idée $= f$ (objet, sujet), $f (...)$ étant, on le sait, la notation qui veut dire fonction.

Les témoignages de la science physique comme ceux de la science psychologique ont pour base nécessaire cette relation ; la première étudie l'objet pour tirer son idée de l'observation, tandis que la seconde étudie l'idée pour en concevoir la cause en tant qu'objet et en tant que sujet.

Cette fonction capitale existe ; comment la déterminer, fut-ce provisoirement, en une forme rudimentaire ?

Premièrement, l'homogénéité de l'équation doit être requise ; si le second membre est du premier degré en objet et du premier degré aussi en sujet, comme l'idée est un dualisme, un produit, et non pas une coexistence d'un objet à côté d'un sujet, elle doit être du second degré. Il est admis qu'objet et sujet ont des valeurs comparables d'existence, sont tous deux des êtres aussi réels, concrets, psychiques. En supposant que le sujet et l'objet agissent l'un sur l'autre sans intermédiaires, chacun imposant sa loi à l'autre par leurs pénétrations, nous sommes conduits à poser la raison la plus simple : c'est que *l'idée a une valeur proportionnelle à celle du sujet, en même temps que proportionnelle a celle de l'objet*, ces valeurs étant des valeurs-existences concrètes. En écrivant par conséquent que l'idée est un produit de l'objet et du sujet, on a cette fonction :

Idée = objet $\times$ sujet, soit en désignant, par i, l'idée ; par o, l'objet ; par s, le sujet :

(1)
$$i = o \times s.$$

Le membre i, l'idée, qui figure dans cette formule, vaut une deuxième puissance en existence; l'idée réfléchie, consciente d'elle-même, que signifie i, est dans un état du sujet qui embrasse l'objet ainsi que l'acteur embrasse son rôle; elle est un *dynamisme de deux existences* qui se pénètrent, qui se communiquent, qui s'unissent et s'opposent; mais une dualité n'a pas lieu subjectivement, mais l'idée est une, parce que chacun des êtres, objet et sujet, ne retient que le sentiment de l'autre par rapport à lui. Nous ne connaissons le sujet, s, en nous, que par l'affection agréable ou pénible, que par le vouloir ou le désir, tandis que nous connaissons vraiment i par la perception intelligible, par l'aperception, par l'image ou par la relation qui la mesure.

Si on a (1) $i = o \times s$, on sait en calcul infinitésimal qu'on a les équations différentielles :

$$(2) \qquad \frac{di}{i} = \frac{do}{o} + \frac{ds}{s},$$

et (3) produit membre à membre de (1) et (2) :

$$(3) \qquad di = s \times do + o \times ds,$$

di, do et ds étant les accroissements différentiels de i, o et s.

LOIS DIFFÉRENTIELLES

L'équation (2) signifie que la modification de l'idée relative à l'idée est égale à la somme des modifications de l'objet relative à l'objet et du sujet relative au sujet, d'où autre forme :

$$(4) \qquad m_i = m_o + m_s,$$

m_i, m_o, m_s étant les modifications relatives à i, o, s.

L'équation (3) signifie que l'accroissement de l'idée est égal à une somme de deux séries d'accroissements, à l'accroissement de l'objet multiplié par le sujet, plus à l'accroissement du sujet multiplié par l'objet.

$s \times do$ peut passer pour une émanation de l'objet, et $o \times ds$ pour une émanation du sujet, en attendant meilleure interprétation.

VÉRIFICATIONS ET LOIS PSYCHOLOGIQUES DIVERSES

La question est de vérifier cette fonction la plus simple et la plus générale, $i = o \times s$, pour voir si elle est admissible, cela en attribuant différentes valeurs successivement à un des trois termes, i, o, s.

I. Donnons au sujet la valeur de l'existence entière, c'est-à-dire la valeur 1, qui est celle de l'Être achevé, de Dieu.

Pour $s = 1$, l'équation se réduit à $i = \delta$, ce qui signifie que, pour Dieu, l'idée est mathématiquement identique à l'objet ; non seulement cette solution est satisfaisante, mais aucune autre ne serait concevable.

II. Si l'on fait tendre le sujet vers le néant, vers zéro, l'idée tend à s'annuler, $s = o$ donne $i = o$.

$$s = o \text{ pour } i = o.$$

III. Lorsque l'objet tend vers le néant, l'idée encore tend à s'annuler :

$$\delta = o \text{ pour } i = o.$$

IV. Lorsque l'objet δ demeure constant, l'équation différentielle (3) se réduit à $di = \delta ds$; la variation de l'idée est proportionnelle à celle du sujet ; les deux variations ont l'objet pour mesure, c'est-à-dire que, pour le sujet, l'effet de l'idée est l'objet.

Ces solutions II, III, IV sont évidemment rationnelles.

V. Donnons à l'objet la valeur maxima, qui est la totalité, le monde entier 1, en valeur absolue. On trouve $i = s$, à savoir que l'idée vaut le sujet, mesure sa capacité de réflexion et de représentation. C'est une solution convenable.

VI. Si l'objet est le sujet lui-même, il vient $i = s^2$. L'idée se conçoit comme existence réfléchie et comme

composée par une multiplication du sujet sur lui-même ;
d'une part, cela se concilie avec la méthode réflexive de
la psychologie ; d'autre part, cela correspond à la conception de l'esprit composé chez les êtres capables de
réflexion. On en tire $\sqrt{i} = s$; la racine de l'idée est le sujet.

En terme logique, le substrat passif de l'idée est le
sujet, de l'activité duquel se dégage la pensée (i) et le
sujet pensant (s^2).

VII. Il est encore possible d'attribuer à l'idée une
valeur constante ; cela veut dire que le sujet s'immo-
bilise vis-à-vis d'un objet qui devient son corps. Pour i
constante, $i = k$, l'objet est proportionnel à l'inverse du
sujet, $o = \dfrac{k}{s}$.

Si d'abord l'on considère que l'externe, comme on l'a
déjà vu, est mathématiquement l'inverse de l'interne,
cela est vraisemblable ; d'ailleurs l'expérience nous
montre que nous voyons droites les images qui se
peignent renversées sur notre rétine ; d'ailleurs la
psychologie conçoit que l'idée s'objective en se proje-
tant, et que cette projection est invertie à la manière
d'une réflexion.

VIII. L'intégration de $o = \dfrac{k}{s}$ est :

$$\frac{1}{2}\, o^2 = \log \text{ néperien } s^k - \log \text{ nép de } q,$$

q étant une constante.

On peut prendre les exponentielles des deux membres, on a :

ou :
$$q \times e^{\frac{1}{2}\partial^2} = s^k,$$

(4)
$$s = q^{\frac{1}{k}} \times e^{\frac{1}{2k}\partial^2},$$

e base des logarithmes nepériens.

Il est fort remarquable que cette dernière formule, aux paramètres ou aux constantes près, soit en résumé la formule psychophysique de M. Henry ; le sujet s'iden-tifiant dans ce cas avec sa sensation, avec la sensation de son corps, l'excitation a pour équivalent, sinon l'objet même, du moins quelque puissance de l'objet affectée d'un coefficient.

IX. Quand le sujet s demeure sensiblement fixe, l'équation différentielle (3) se réduit à $di = s \times d\delta$; la variation de l'idée est proportionnelle à celle de l'objet; ces variations ont pour mesure le sujet; c'est-à-dire, attendu que $\frac{1}{\frac{d\delta}{di}} = s$, l'effet idéal ou l'effet inverse de l'objet est la conscience, est le sujet en tant que conscient.

X. Enfin, étant donné encore un sujet assez fixe, qui perçoit des objets divers δ_1, δ_2, δ_3, qui, par conséquent, forme des idées i_1, i_2, i_3, on a:

(5)
$$\frac{i_1}{\delta_1} = \frac{i_2}{\delta_2} = \frac{i_3}{\delta_3} = s = C^{te}.$$

Il y a ainsi proportion entre l'idée et l'objet, proportion dont le sujet est la mesure, est la loi ; or c'est bien là une condition nécessaire de l'intelligence, une condition de la continuité consciente, c'est une loi d'intelligibilité.

De ces dix vérifications, plus ou moins fortes, dont on saisira l'importance psychologique, il résulte que la formule (1) semble bien correspondre à la fonction réelle, dans sa généralité, quoi qu'on puisse penser que la fonction se complique et qu'elle se diversifie dans l'application, et cela quand un sujet complexe développe son activité dans son milieu, qui est un objet très composé, et quand ce sujet se modifie par l'émotion, et quand ce sujet introduit un facteur propre, sa volonté. Les vivants de notre nature, qui n'ont pas l'unité des esprits purs, qui ne sont pas ordonnés rien que par intraposition qui sont des juxtapositions d'existences, doivent probablement s'exprimer par des formules psychologiques moins simples.

L'équation $i = o \times s$ peut se mettre sous la forme $i^{\frac{1}{2}} \times i^{\frac{1}{2}} = o \times s$; en adoptant $i^2 = i$, on a :

$$i \times i = o \times s,$$

d'où :

$$\frac{i}{o} = \frac{s}{i}.$$

Donc *l'idée simple ($i = \sqrt{i}$) est un moyen terme entre le* *sujet et l'objet*, et, comme l'objet est un sujet objectivé, *l'idée simple est aussi un moyen terme en deux sujets*, et enfin, comme le sujet est un objet subjectivé, *l'idée simple est aussi un moyen terme entre deux objets.*

Si $\frac{i}{o}$ est l'idée-image par rapport à l'objet, son inverse est $\frac{i}{s}$, idée-image par rapport au sujet. Le corps, qui est résistant, ne diffère pas du corps qui me résiste à moi sujet ; or la notion de résistance serait à cet objet l'inverse de ce que cette notion est à ma sensibilité, c'est-à-dire la même chose que le sujet est à la notion résistance. Toutefois l'assimilation de cette notion $\sqrt{i}$ à l'idée image doit être regardée comme étant encore une assimilation provisoire.

Chez l'homme, vivant complexe, une idée-image, I, peut bien valoir une somme d'idées élémentaires telles que i :

$$I = \Sigma i, \qquad I^2 = \Sigma i,$$

Σ, notation qui indique une somme.

Développements :

$$I^2 = i_1 + i_2 + i_3 + \ldots = \ddot{I},$$
et
$$\ddot{I} = o_1 s_1 + o_2 s_2 + o_3 s_3 + \ldots$$

Soit encore :

$$\ddot{I} = K \times i_0 (i_1 - i_2 + i_3 - i_4 + \ldots),$$

qui serait une sorte de synthèse cérébrale.

Dans cette dernière équation, $i_1, i_2, i_3, ...,$ pourraient vraisemblablement être fonctions de i_0, terme synthétique ; et i_0 lui-même serait fonction du sujet intégrant S et du corps vivant intégrant 0.

Il est à remarquer que, la variable δ, dans la pure réflexion, devenant non plus un autre sujet, mais le même, on peut poser $s \times s = s^2 = i_r$ formule de l'idée réfléchie qui prend pour objet le sujet ; le dualisme idéal se trouve ici mis en évidence ; la relation interne dédouble, ou plutôt multiplie le sujet, soit multiplie un élément du sujet.

Composition de deux idées, idée abstraite. — Soit en un même sujet, s, deux idées, $i_1 = \delta_1 s$ et $i_2 = \delta_2 s$.

Leur différence $i_1 - i_2 = (\delta_1 - \delta_2)s$ est telle qu'une idée abstraite i_a ; si on dédouble ces deux idées-existences, on a : $i_1 = i_1^2$, $i_2 = i_2^2$, $i_a = i_a^2$, et on obtient la relation $i_a = i_1^2 - i_2^2 = (i_1 + i_2)(i_1 - i_2)$. On voit comment une idée vivante de l'esprit, i_a, peut résulter de la combinaison de deux idées ordinaires, i_1 et i_2, qui sont comparées.

Application théologique. — Dans la proportion $\dfrac{\delta}{i} = \dfrac{i}{s}$, qui a été vue, supposons que le terme δ représente l'humanité et que le terme s représente Dieu, par conséquent Dieu qui prend l'humanité pour objet. Le moyen terme i devient l'intermédiaire divin qui, à la fois, participe de Dieu et de l'humanité, qui, pour ces deux motifs, est un vivant et est une idée vivante. Or il est impossible de ne pas identifier ce moyen terme avec la personne du Christ, telle que la reconnaît expressément le catholicisme. Au lieu de supposer que le terme δ exprime notre humanité, on peut concevoir qu'il exprime une société vivante d'ordre quelconque; nous aurons encore un intermédiaire divin qui, participant de Dieu, sera solidaire de la personnification du Christ, bien que pouvant jouer un rôle semblable dans une autre proportion et par un sacrifice d'ordre différent. Cette personne répond à la deuxième hypostase divine, au Fils du Dieu Père, c'est-à-dire à une généralisation du Christ. Le christianisme dans son intégrité est la seule religion qui soulève et résolve si profondément les rapports de Dieu et des êtres créés.

FONCTION DE L'ACTE

De l'idée, il s'agit de tâcher le passage à l'acte ; l'acte est le produit de l'idée neutre, passive, par le vouloir du sujet ; le coefficient contingent dont l'idée $\ddot{\imath}$ doit être affectée pour devenir un acte volontaire, un acte proprement dit, a_s, est objectivement une détermination de limite, d'espace ou de rayon d'action. Soit pour ce motif $\frac{1}{\rho}$ ce coefficient contingent de l'acte a_s.

Il vient :

$$a_s = \ddot{\imath} \times \frac{1}{\rho}, \; a_s = \frac{\ddot{\imath}}{\rho} \tag{6}$$

ou :

$$a_s = \frac{\delta \times s}{\rho}, \qquad a_s \times \rho = \delta \times s = i.$$

Discussion. — Si ρ est nul, c'est-à-dire si le pouvoir d'orientation $\frac{1}{\rho}$ de l'être libre est infini, l'acte est infini, et il correspond à celui de l'Être parfait.

Si au contraire ρ est infini, ou $\frac{1}{\rho}$ nul, c'est-à-dire si le pouvoir d'orientation qu'utilise l'être libre est nul, l'acte lui-même est nul; et c'est ce qui a lieu quand le sujet demeure absolument passif, quand il ne réagit en quelque sorte pas psychiquement. Ceci suppose que l'on admette : que l'acte, ou que le pouvoir, ait un ressort entre zéro et l'infini et que l'idée garde une valeur finie.

Si ρ est égal à 1, $\frac{1}{\rho}$ est aussi égal à 1, et $a_s = i$; l'acte réalise l'idée, vaut l'idée, donne comme la mesure de l'idée vivante, de l'idée dynamique.

Quand ρ diminue de 1 à zéro, $\frac{1}{\rho}$ ne fait que croître, l'acte croît de valeur d'autant plus que l'être tourne dans un plus petit rayon, l'acte croît à mesure qu'il est moins passif, qu'il sait mieux renoncer aux impulsions primitives, à la routine, à l'habitude et à l'entêtement, aux passions.

Quand ρ augmente de 1 à l'infini, $\frac{1}{\rho}$ ne fait que décroître; l'acte s'abaisse de valeur, d'autant plus que l'être ne s'oblige pas à tourner dans un petit rayon, qu'il ne sait pas revenir sur lui-même et renoncer aux déterminations passives, naturelles ou intéressées naturellement.

Nous pouvons maintenant tirer de l'équation (6):

$$\rho \times a_s = i,$$

en y prenant ρ et a_s pour des fonctions de i, l'équation différentielle (6 *bis*) :

$$\frac{da_s}{a_s} + \frac{d\rho}{\rho} = \frac{di}{i},$$

da_s, étant l'accroissement de l'acte ;

$d\rho$, l'accroissement de ρ ;

di, l'accroissement de l'idée active.

En remplaçant $\frac{di}{i}$ par sa valeur $\frac{d\dot{o}}{\dot{o}} + \frac{ds}{s}$, on obtient :

$$(7) \qquad \frac{da_s}{a_s} + \frac{d\rho}{\rho} = \frac{d\dot{o}}{\dot{o}} + \frac{ds}{s},$$

En posant m_{a_s}, m_ρ, $m_{\dot{o}}$, m_s et m_i modifications respectives, l'équation (7) prend la forme

$$(7\ bis) \qquad m_{a_s} + m_\rho = m_{\dot{o}} + m_s = m_i.$$

L'équation (8) :

$$\frac{da_s}{a_s} = \frac{di}{i} - \frac{d\rho}{\rho},$$

de même prend la forme (8 *bis*) :

$$m_{a_s} = m_i - m_\rho.$$

Toutefois on ne peut que jusqu'à un certain point admettre cette variation de ρ en fonction de i; car elle ne semble pas d'abord nécessairement liée.

L'équation (7 *bis*) signifierait que la somme des modifications relatives de l'acte et du rayon d'action est égale à la somme des modifications relatives de l'objet et du sujet ; l'équation (8 *bis*) signifierait que la modification relative de l'acte est la différence des modifications relatives de l'idée et du rayon d'action. L'acte est d'un effet nul ; il apporte une modification nulle si on a $m_i = m_\rho$; car alors $m_{a_s} = 0$; en somme, l'effet objectif a_s est nul, bien que l'acte moral ne soit pas nul, parce que cet acte moral est représenté par $\frac{s}{\rho}$.

Le cas où $m_i = m_\rho$, c'est celui où la volonté libre luttant contre l'idée l'empêche de produire aucun effet. Or l'expérience de nous-même nous permet de dire que ce cas existe comme un moment de passage en notre conscience.

La valeur morale de l'acte v_m est donnée par :

$$(9) \qquad v_m = \frac{s}{\rho} = \frac{a_s}{o} :$$

c'est, en effet, le rapport de l'acte à son objet, à son moyen ; ainsi un acte donné a une valeur morale d'autant plus grande qu'il est obtenu avec un moindre moyen. Mais nous ne donnons encore cette assimilation mathématique que comme définition d'essai préalable.

On a l'équation différentielle :

$$(10) \qquad \frac{dv_m}{v_m} = \frac{ds}{s} - \frac{d\rho}{\rho} = \frac{da_s}{a_s} - \frac{d\dot{o}}{\dot{o}} ;$$

dv_m accroissement de v_m est quelque chose comme un effort moral t_m.

Comme formules solidaires, on a aussi :

$$(11) \qquad di = \rho \times da_s + a_s \times d\rho,$$

qui est obtenue avec (6) et (6 *bis*).

De (11) on tire, en remplaçant di par sa valeur :

$$(12) \qquad sd\dot{o} + \dot{o}ds = \rho \times da_s + a_s \times d\rho.$$

.·.

L'action simple, en tant que dualisme passif, inerte de deux objets, $\dot{o}_1$, $\dot{o}_2$ (soit a_p) serait $a_p = \dot{o}_1 \times \dot{o}_2$, ou, s'il doit y avoir une inversion de point de vue et de variables $\frac{1}{\omega_1} \times \frac{1}{\omega_2}$.

Elle demeure subordonnée suivant nos conceptions à deux sujets actifs, desquels $\dot{o}_1$ et $\dot{o}_2$ ne sont que des intermédiaires comme inertes.

Il doit y avoir moyen de passer de l'acte à la force, puisque l'acte est une force, qu'il est analogue à une force d'orientation instantanée. S'il est vrai que l'acte qualifie spatialement ou géométriquement l'action dynamique, le travail, l'énergie, la puissance vive, un lien dès lors est possible entre la fonction métaphysique et la fonction mécanique; le domaine de la mathématique dès lors peut s'étendre sans discontinuité, pourvu qu'on parvienne à interpréter les formules à travers les transformations de l'algèbre.

Dans la formule initiale $i = o \times s$, s est le sujet qui appartient au devenir, et ce sujet variable, phénoménal, requiert métaphysiquement un support fixe, γ, fond invariable et nouménal. En tenant compte de la chose en soi, le sujet devrait être $\gamma + s$; mais γ n'appartient qu'au seul être en soi, à l'être immuable; il est du fond, par hypothèse inaliénable, qui supporte tous les s; toutes les monades, ces existences particulières, $\gamma + s$ n'étant que des existences locataires de l'existence unique propriétaire, $\Sigma\gamma$, Dieu en tant qu'inconnaissable.

Une monade ne peut toute seule développer une idée, la moindre idée d'un objet, pour ce qu'elle ne saurait à elle seule figurer un système atomique.

Elle ne forme l'idée, elle n'effectue l'idée qu'en appliquant l'intuition rationnelle, qu'en commandant rationnellement une chaîne de monades de l'espace, ou de son espace. Cette chaîne vivante et disciplinée est ordonnée par elle en une réduction de l'objet, réduction déformée, en une figure anamorphique de l'objet, en une figure qui est un fonctionnisme synchrone de celui ou de ceux de l'objet antagoniste.

Un fonctionnisme est aussi bien une idée vivante, une idée d'idée... à divers degrés. L'idée vivante participe bien réellement de son objet; elle est de double valeur-existence, étant à la fois chose de l'objet et chose du sujet.

C'est pourquoi elle est identique à une fonction du sujet et de l'objet, laquelle se résume au minimum en un produit du sujet et de l'objet.

On reconnaîtra dans cette fonction une trinité, en la regardant comme l'expression d'un être vivant, en voyant : dans l'objet, le corps de cet être ; dans le sujet l'esprit; et, dans l'idée, la raison consciente, qui est la synthèse.

Pour expliquer l'influence du vouloir dans cette fonction vivante, on peut concevoir que la volonté dirigeante est d'abord intervenue au début pour limiter le ressort de son acte, et pour donner ainsi une détermination pendant un intervalle de fonctionnement. La volonté a encore la faculté de passer d'une façon, qui est relativement comme irrationnelle, d'une fonction à une suivante. C'est là la place de l'erreur. Il s'en suit que, pour découvrir la vérité objective, que pour éviter l'erreur scientifique, l'esprit doit plutôt se laisser conduire par la raison pure et neutre.

RECHERCHE DES FORMULES SIMPLES GÉNÉRALES
DES FONCTIONNISMES

La monade la plus obscure, du dernier ordre psychique, fait fonction d'atome simple; l'atome simple est l'idée objective de cette monade; cette monade est le sujet dont l'atome simple est l'objet idéal.

Nous dirons maintenant que l'atome simple est la fonction même qu'exerce la monade du dernier ordre; entre les monades du dernier ordre, l'individualité est négligeable; le temps les fait passer par des phases de mouvement semblables.

Soit α cette fonction dite atome simple, μ_0 la monade faisant fonction, on a :

$$\alpha = f(\mu_0).$$

Pour déterminer cette fonction, remarquons que α est une idée vivante, qu'il est un dualisme d'existence, par conséquent, qu'il doit être du second degré en μ_0. D'ailleurs il serait impossible qu'un rapport objectif ait lieu avec une seule monade, qu'une seule monade exerce une fonction mécanique qui exige deux termes réels. Si nous adaptons la formule de l'idée, nous aurons ici :

$$2f(\mu_0) = \mu_0 \times \mu_0 = \overline{\mu_0}^2,$$

soit :

(2) $$\alpha = \frac{1}{2}\, \overline{\mu}{}^2{}_0,$$

α devant exprimer un indivisible.

Si on définit l'intensité objective des deux monades par leur vitesse v, relative, l'expression $\frac{1}{2}\,\mu^2{}_0$ devient de l'énergie $\frac{1}{2}\,v^2$; la valeur de l'atome α est cette énergie, l'énergie la plus élémentaire, la puissance vive d'une masse égale à l'unité.

Or v, qui se trouve être l'effet de $\frac{v^2}{2}$, se trouve aussi être mathématiquement sa dérivée. L'atome trouve donc son explication conforme à la mécanique, et, comme tel, il est la puissance vive de l'unité absolue de masse.

Si on distingue en $\overline{\mu}{}^2{}_0$, les deux monades individuelles μ'_0 et μ''_0, l'une est proportionnelle à une inversion de l'autre :

$$\alpha = \frac{\mu'_0 \times \mu''_0}{2}, \qquad \text{donnant} \qquad \mu'_0 = 2\alpha \times \frac{1}{\mu''_0}.$$

FONCTIONNISMES IDÉAUX ET NATURELS

Deux indivisibles α sont nécessaires pour constituer un élément énergétique, soit désormais $2\alpha = \alpha_0$; cet élément α_0 est un élément linéaire qui va servir à la construction d'éléments plus élevés, puis de figures à

DES AMES EN TANT QU'IDÉES VIVANTES 59

toutes dimensions. Dynamiquement, $\alpha_0 = \mu^2{}_0$ est un élément linéaire de longueur $(o - o)$ variable qui tourne autour d'un de ses points, et qui, en outre, peut se déplacer.

On imagine bien que 3 monades donneraient une fonction μ^3 et que n monades associées donneraient une fonction μ^n, mais nous considérerons que ces associations, plus élevées en nombre, sont le fait de monades d'ordres plus élevés que μ_0.

Nous allons poursuivre une sorte d'intégration rien qu'avec des éléments linéaires α_0, cette intégration étant le fruit de monades plus élevées qui enveloppent les monades inférieures en tant que continus.

Les figures, que développeront en elles-mêmes ces monades, seront des idées, tandis que ces figures, vues au dehors, seront des systèmes matériels.

$\alpha_0 = \mu^2{}_0$ est la fonction naturelle qui va entrer dans la composition des fonctionnismes idéaux et naturels.

En second ordre, les atomes serviront de matière à une monade μ_1, d'ordre au-dessus de μ_0, pour se former un corps comme pour figurer une idée ; ce premier fonctionnisme sera $\alpha_1 = f_1 (l\alpha_0, \mu_1)$; pour le définir, voyons quelles conditions μ_1 doit remplir ; cette monade μ_1, pour assurer la relation, la continuité, doit se lier à chacun des l éléments, c'est-à-dire séparément aux **deux** l monades qui entrent dans son fonctionnisme.

C'est pourquoi μ_1 entrera dans la fonction à une puissance l^{eme}.

Par suite :

(1) $$\alpha_1 = l\alpha_0 \times \mu_1{}^l,$$

et comme :

(2) $\alpha_0 = \mu^2{}_0.$ $\alpha_1 = l\mu^2{}_0 \times \mu_1{}^l.$

Ce fonctionnisme α_1 est un premier atome élastique ;
ses éléments décrivent une surface sphéroïdale variable
et mobile, dont la limite est l'espace de la monade ; il
y a sur cette limite conflit avec des éléments étrangers,
dont l'annexion est superficielle et instable.

Les monades μ_1, maintenant, vont nous servir de nouveau point de départ ; elles sont capables de s'associer
à trois, de former dans leur ordre des éléments trian-
gulaires ; mais en outre chacune de la triade apporte
avec elle son corps de monades inférieures, sa figure
d'atomes ou vibricules α_1.

Le second fonctionnisme sera ainsi composé avec des
éléments $\alpha_1{}^3 \mu_1{}^3$, qui sont des triades.

Une monade $\mu^{\shortmid\shortmid}$ d'ordre au-dessus des μ_1 se liera à
chacune des unités $\alpha^3{}_1\mu^3{}_1$, qu'elle subordonnera, de sorte
que cette liaison donnera :

(3) $$\alpha_2 = (m\alpha_1{}^3\mu_1{}^3)\,\mu_{\shortmid\shortmid}{}^m ;$$

ou :

(4) $$\alpha_2 = ml^3\mu_0{}^6\mu_1{}^{3(l+1)} \times \mu_{\shortmid\shortmid}{}^m ;$$

ou :

(5) $$\alpha_2 = ml^3\alpha_0{}^3\mu_1{}^{3(l+1)} \times \mu_{\shortmid\shortmid}{}^m.$$

Ce fonctionnisme, qu'on peut assimiler provisoirement à l'atome chimique, est comme un volume de révolution variable constitué par m vibricules α_1, qui sont ordonnés symétriquement dans leurs roulements mutuels.

On aurait, par la même progression, des fonctionnismes (6), etc. :

$$(6) \qquad \alpha_3 = (n\alpha_2{}^1\mu_{11}{}^4)\,\mu_{111}{}^n,$$

ou :

$$(7) \quad \alpha^3 = nm^1l^{12} \times \mu_0{}^{24} \times \mu_1{}^{12(l+1)} \times \mu_{11}{}^{4(m+1)} \times \mu_{111}{}^n,$$

qui a pour éléments des tétraèdres $\alpha_2{}^1\mu_{11}{}^1$, qui est quelque chose comme une molécule ou une microbulle caractérisée par m, l, n.

Dans cette fonction de fonctions, il y a à considérer quatre ordres de monades : deux ordres inférieurs μ_0 et μ_1, un ordre moyen μ_{11} et une dominante μ_{111}. Il y entre (24 mln) monades μ_0, (12mn) monades μ_1 (4n) μ_{111}, et une monade μ_{111}.

Or ces quatre groupes nous donnent quelque idée des groupes des fonctionnismes plus hauts et plus diversifiés ; μ_{111} figure l'âme, 4$n\mu_{11}$ figure le fluide vital, 12$mn\mu_1$ représente le réseau du corps, et 24$mln\mu_0$ la substance du corps, la masse. Le dernier groupe est le seul qui ne soit pas négligeable au point de vue physique du poids, tandis que le premier μ_{111} est prépondérant au point de vue de la valeur psychique.

Des suppositions possibles sur l, m, n, p, ..., sont, par exemple, que $m = l = n = \ldots$; ou que $m = ql, n = qm$; ou que $m = l^2, n = m^2, p = n^2$; ou que $l = q^c, m = q^{c^2}$, $n = q^{c^3}$, etc.

On va voir, dans un instant, quel rôle peut jouer la loi de ces paramètres.

Les équations de $\alpha_1, \alpha_2, \alpha_3$ sont aisées à différentier ; comme la différentielle logarithmique d'un produit de variables, est égale à la somme des différentielles logarithmiques de ces facteurs, on a (8) :

$$\frac{d\alpha_3}{\alpha_3} = 24 \times \frac{d\mu_0}{\mu_0} + 12(l+1) \times \frac{d\mu_1}{\mu_1} + 4(m+1) \times \frac{d\mu_{11}}{\mu_{11}} + n \times \frac{d\,\mu_{111}}{\mu_{111}}.$$

En appelant les rapports *modifications relatives* des variables, on obtient,

posant $\quad \dfrac{d\alpha_3}{\alpha_3} = M\alpha_3, \dfrac{d\mu}{\mu} = M_\mu$, etc. :

(0) $\quad M\alpha_3 = 24M\mu_0 + 12(l+1)M\mu_1 + 4(m+1)M\mu_{11} + n \times M\mu_{111}$,

qui s'énonce : *la modification relative d'un système est égale à la somme des modifications relatives de ses monades, modifications respectivement multipliées par les puissances qu'elles ont dans l'intégration.*

Puisque μ_{111} exerce une action prépondérante sur le système qu'elle dirige, la modification $nM\mu_{111}$, qui lui correspond, doit l'emporter de beaucoup sur les autres ; par suite le paramètre n doit être bien supérieur à m, et le paramètre m bien supérieur à l ; donc la loi des paramètres, qui est la plus vraisemblable, est soit une progression de carrés, de puissances, soit une progression d'exponentielles.

Admettre que $M\alpha_3 =$ sensiblement $nM\mu_{III}$, c'est faire dépendre de μ_{III} le déterminisme du système ; si la modification de μ_{II} n'a qu'un effet négligeable sur α_3, μ_{II} est soumise à une nécessité qui lui est imposée par le pouvoir libre, contingent de μ_{III}, ou de monades, au-dessus de μ_{III}, telles que μ_{IV}, μ_{V}, lesquelles constituent des milieux continus de plus en plus enveloppants.

DIGRESSION SUR LE RAPPORT DE LA QUANTITÉ A LA QUALITÉ

Si nous considérons des longueurs x, variées, qui s'additionnent entre elles, nous remarquons qu'on ne peut pas les additionner avec des hauteurs y, ou avec des largeurs z, alors même que ces hauteurs, ou ces largeurs, qualifient concrètement les longueurs respectives d'une série d'objets.

On reconnaît que, dans le cas où des quantités $x, y, z, ...,$ ne s'additionnent point, quoiqu'elles soient liées entre elles spatialement, naturellement, leurs produits ne sont autres que des qualités, ou que des quantités qualifiées. Ainsi (xy) est une qualité en y vis-à-vis de x, et il est une qualité en x vis-à-vis de y. Une qualité, autre que le nombre uniforme, s'exprime, par conséquent, par plusieurs quantités.

En général, des produits de quantités qui ne s'additionnent pas, mais qui pourtant sont solidaires dans l'objet, sont des qualités de l'objet.

Tels sont les produits $x \times y \times z, ...$, ou plus complexes, $x^n \times y^m \times z^l, ...$; or, précisément les fonctionnismes qui précèdent nous offrent de tels produits, et en même temps ils nous offrent des passages de quantités à qualités.

Jusqu'ici une grande homogénéité a été conservée dans les petits fonctionnismes ; mais ces cohésions sont des types qui ne sont plus réalisés en grand, dans la nature imparfaite de notre ordre, pour les animaux et l'homme. Les cohésions, extérieures et superficielles, y sont des milieux mélangés, non sans coordinations, et enveloppés par le milieu de notre nature ; dès lors la formule, au lieu d'être constituée par un seul produit de μ, le sera par une somme de produits plus ou moins élevés en μ, somme multipliée par la monade qui sert de milieu.

L'expression du fonctionnisme hétérogène, c'est-à-dire fait de générations mélangées et d'ordres différents, sans être combinées, sera à peu près de la forme

$$(10) \quad A_x = (K\mu_0 + K'\alpha_0{}^2\mu_0{}^2 + K''\alpha_1{}^3\mu_1{}^3 + K'''\alpha_2{}^1\mu_n{}^1 + ... K^n a^n{}_{x-1}\mu^n{}_{x-1}) \mu_x{}^y,$$

et plus généralement de la forme

$$\Lambda_x = f(\mu_0,\ \mu_1,\ \mu_2,\ \mu_3,\ \ldots,\ \mu_{x-1},\ \mu_x).$$

Les termes $\alpha^n \mu^n$ sont autant de sortes de polyades, pour parler plus simplement, sont autant d'associations d'unités de même ordre, l'exposant n indiquant le nombre des membres.

Les sociétés naturelles d'êtres vivants sur notre terre, ne répondant pas encore à des associations si rigoureuses, mais elles sont des agrégations physiquement équilibrées de celles-ci, de ces polyades.

Dans la partie haute du monde universel, toutes les existences sont des esprits purs, idées totalement harmoniques, ordres parfaitement stables de monades transcendantes, qui, par leur harmonie indéfectible, constituent au sommet l'âme du monde et l'idée intégrale du devenir.

Dans la partie inférieure du monde, de laquelle dérive notre nature, tous les fonctionnismes visibles sont, en tant que sensibles, des associations relativement hétérogènes, c'est-à-dire d'ordres instables, de liaisons incohérentes au point de vue psychique. Il en résulte que nous ne comprenons pas spirituellement par les sens ces corps inférieurs, ni ces milieux, que nous ne pouvons les percevoir qu'en masses et que nous ne distinguons plus les unités éloignées de l'esprit intelligent, qui est notre région claire.

La conception des fonctionnismes nous amène à faire quelques inductions sur la formule globale du fonction-nisme de l'univers.

Le premier membre de cette formule du Créateur, c'est l'Unité suprême, l'Un, l'Entier; le second membre est le produit de deux termes, il est le dualisme de Dieu comme sujet et du monde comme objet, il est le produit d'une fonction énorme de monades de tous les ordres, de toutes les monades à toutes les puissances nécessaires, par l'Esprit immanent qui est Dieu dans le monde.

D'où (11):

$$\Lambda_{\tau} = \Phi_{\omega} \left[\mu_0, \mu_1, \mu_2, \mu_3, \mu_4, \mu_5, \mu_6, \mu_7, \ldots, \mu_{\delta}, \mu_{\lambda}, \mu_{\rho}, \mu_{\tau}, \mu_{\omega} \right] \times E.$$

D'après ce que nous avons vu, le premier membre Λ signifie, entre autres choses, l'Idée intégrale, le Terme achevé.

Or, comme ce premier membre Λ_{τ}, le deuxième terme du second membre, E, doit en valeur absolue être égal à un ; car E, Dieu qui est E comme sujet, est aussi bien l'Entier; par suite, Λ et E étant égaux à un, la fonction des existences Φ_{ω} vaut un, a une valeur complète, para-chevée ; elle représente la Raison, qui est une, dont le développement dans tous les esprits est la raison uni-verselle.

.·.

Cette fonction Φ_{ω} se prête à une certaine discussion ;

dans ce polynôme qu'elle est, il y a deux parts à faire
d'abord, la part inférieure, représentée (11) par les premières variables μ_0 à μ_7, et la part supérieure, représentée par les dernières variables μ_8 à μ_{29}. Les termes
supérieurs se produisent, en général, entre eux, et les
termes inférieurs se combinent, en général, entre eux, de
telle sorte qu'on peut distinguer deux groupes dans cette
fonction.

Le groupe supérieur, homogène, signifie l'âme du
monde, le monde en tant qu'âme lucide, le règne incor-
ruptible, la vie éternelle; tandis que le groupe inférieur,
hétérogène, signifie le corps du monde, l'ordre corrup-
tible du monde, le reliquat qui n'est pas parvenu à
l'homogénéité psychique ou à la lumière spirituelle, et
qui est sujet à la mort.

Si les termes en α étaient remis à la place des termes
en μ dans la fonction, celle-ci exprimerait d'une façon
matérielle le fonctionnisme que les termes en μ expriment
d'une façon psychique.

Les termes en α auraient encore pour signification
des espaces et des dimensions d'une géométrie polymorphe, dont il sera plus loin question.

La première série d'êtres garde une valeur d'existence
négligeable par rapport à la valeur de la seconde série
contenue dans Φ_ω; en effet, les valeurs-existences
des μ, ou des âmes, sont loin d'être du même ordre,
celles-là n'étant qu'infiniment petites à côté de celles-ci.

Principalement la formule exprime une grande chose

— une trinité divine — A_T, E, Φ_ω, étant trois personnes spirituelles entières, qui participent à une même existence immuable et qui s'affirment les unes par les autres.

I. A_T, c'est Dieu, l'Unité idéale, primordiale au-dessus de tout, comme si elle était hors du monde, c'est l'Idée en soi, vivante en soi.

II. E, c'est Dieu, présidant au monde, distinct du monde, comme un général de son armée, comme un seigneur de ses sujets, c'est la Providence.

III. Φ_ω, c'est le monde spirituel et intelligible, qui, dans son intégralité à infiniment peu près, a pris conscience de sa divinité, est devenu une troisième personne divine, après la première A_T et après la seconde E, c'est la matérialisation divine, Dieu indistinct du monde spirituel.

De même que l'ombre, sans nuire à la lumière, ne sert qu'à faire ressortir son éclat, de même le monde obscur qui est dans l'ensemble ne sert qu'à faire ressortir le monde divin et à lui donner encore un devenir interne idéal.

Ne nous contentant point seulement de faire deux parts dans Φ_ω, remarquons que ce polynôme est une somme de produits, produits composés en μ_0, en (μ_0, μ_1), en (μ_0, μ_1, μ_2), en $(\mu_0, \mu_1, \mu_2, \mu_3)$, ..., en $(\mu_0, \mu_1, ..., \mu_{\omega-1}, \mu_\omega)$; ce dernier produit, qui est le terme intéressant, contient μ_ω, une monade plus élevée que les autres, à une puissance x très grande, soit $\mu_\omega{}^x$.

Si on pose :

$$\Phi_\omega = 1 = \epsilon^n + (1 - \epsilon^n),$$

ϵ^n étant un infiniment petit indéterminé, approximativement on a .

$$(1 - \epsilon^n) = \mu_\omega{}^x$$

ou avec $\epsilon^n = \dfrac{1}{m}$:

$$\mu_\omega{}^x = 1 - \frac{1}{m} ;$$

m et x devenant ensemble extrêmement grands, on en tire en faisant $\dfrac{1}{m} = \dfrac{1}{x}$:

$$\mu_\omega = \left(1 - \frac{1}{x}\right)^{\frac{1}{x}},$$

et puis, en développant le logarithme (12) :

$$(12) \quad \mathrm{L}^{\mathrm{nep}}\mu_\omega = \mathrm{L}\left(1 - \frac{1}{x}\right)^{\frac{1}{x}} = \frac{1}{x}\,\mathrm{L}\left(1 - \frac{1}{x}\right)$$
$$= -\frac{1}{x^2} - \frac{1}{2x^3} - \frac{1}{3x^4} - \frac{1}{4x^5} - \cdots,$$

formule qui exprime la loi de μ_ω.

On peut prendre les dérivées des deux membres de l'équation (12) après l'avoir mise sous la forme

$$\mathrm{L}^{\mathrm{nep}}\mu_\omega = -\frac{x^{-2}}{1} - \frac{x^{-3}}{2} - \frac{x^{-4}}{3} - \frac{x^{-5}}{4} \cdots$$

On a de la sorte :

$$\frac{1}{\mu_\omega} = 2x^{-3} + \frac{3}{2}x^{-4} + \frac{4}{3}x^{-5} + \frac{5}{4}x^{-6} \dots;$$

d'où on tire :

$$(13) \quad \mu_\omega\left(\frac{2}{x^3} + \frac{3}{2x^4} + \frac{4}{3x^5} + \frac{5}{4x^6} + \dots\right) = 1.$$

Elle représenterait, à notre intuition, si nous ne nous trompons pas, des espaces x^3, x^4, x^5, ou des sphères développées par μ_ω, la moindre, x^3, étant à trois dimensions.

Autre essai de détermination. — Soit $A_r = (1-\epsilon)^n$ une première approximation de A_r, et $E = (1+\epsilon)^n$ une première approximation de E, on aura :

$$\Phi_\omega = \frac{(1-\epsilon)^n}{(1+\epsilon)^n},$$

et, parce que $\frac{1}{\epsilon}$ et n sont également très grands, pour $\frac{1}{\epsilon} = n = x$, on a :

$$\Phi_\omega = \left(\frac{1-\frac{1}{x}}{1+\frac{1}{x}}\right)^x.$$

En prenant les logarithmes népériens des deux membres :

$$L\Phi_\omega = L\left(1 - \frac{1}{x}\right)^x - L\left(1 + \frac{1}{x}\right)^x$$
$$= x\left[L\left(1 - \frac{1}{x}\right) - L\left(1 + \frac{1}{x}\right)\right],$$

ou encore :

$$(14)\quad L\Phi_\omega = -2x\left(\frac{1}{x} + \frac{1}{3x^3} + \frac{1}{5x^5} + \frac{1}{7x^7} + \cdots\right).$$

Dérivant les deux membres de cette équation (14), il vient :

$$\frac{1}{\Phi_\omega} = \frac{4}{3}x^{-3} + \frac{8}{5}x^{-5} + \frac{12}{7}x^{-7} + \frac{16}{9}x^{-9} + \cdots;$$

d'où :

$$(15)\quad \Phi_\omega\left(\frac{4}{3x^3} + \frac{8}{5x^5} + \frac{12}{7x^7} + \frac{16}{9x^9} + \cdots\right) = 1.$$

Ces équations préliminaires laissent entrevoir des embranchements sur les mathématiques qui doivent séduire les mathématiciens ; dans la suite, le problème sera pour nous de passer des fonctionnismes à des notions de forces spatiales, de passer des causes métaphysiques à leurs effets objectifs, géométriques et mécaniques ; on retrouvera alors des équations analogues.

∴

Un cycle fermé rend impossible une évolution vers la perfection, tandis qu'un cycle ouvert, divergent, comme en spirale, permet un fonctionnement continu d'un fonctionnisme. On peut concevoir qu'il y ait dans notre nature un mélange de cycles fermés et de cycles ouverts, qui rentrent dans le cycle universel, comme des tourbillons dans un courant. La vie est une organisation en vue d'une fin, et une organisation qui ne doit pas s'arrêter tant que cette fin n'a pas été atteinte.

Par le courant des infiniment petits vers le fini, se poursuit le parachèvement du fonctionnisme universel, s'accomplit ou se continue l'Idée suprême A_τ.

Le produit du Monde Φ_ω, par le Dieu créateur E, est conforme finalement à l'Idée suprême A_τ. Cet idéal parfait et achevé est un état d'activité pure; il deviendra effectif, grâce au produit de toutes les âmes par ce Dieu subjectif E, par l'action du Créateur sur toutes les âmes.

Si l'on met l'équation (11) :

$$A_\tau = \Phi_\omega(\mu_0, \mu_1, \mu_2, \mu_3, ..., \mu_\gamma, \mu_\sigma, \mu_\omega') E,$$

sous la forme (11 bis) :

$$\frac{A_\tau}{E} = \Phi_\omega,$$

ce rapport exprime que l'Idée, divisée, c'est-à-dire organisée à l'Infini par Dieu créateur, réalise le Monde spirituel et divin, troisième réalité divine. Aussi bien les idées qui dérivent, ainsi que des nombres de cette divi-

sion primordiale, étant à leur tour divisées, c'est-à-dire
organisées d'une façon multiple par des puissances supérieures, donneront les mondes visibles et les choses.

Mathématiquement se retrouve ici, n'est-ce pas, le
fond de la pensée de Platon sur la création du Démiurge,
sur l'Idée et sur l'Ame du monde [1].

.·.

L'habitude qu'on a d'attribuer à Dieu une valeur infinie, à l'Idée universelle une valeur infinie, ne saurait
se justifier que de notre point de vue, qu'en nous posant
nous-mêmes comme finis.

Si en effet nous faisons dans l'équation (11 *bis*) du
fonctionnisme universel,

Dieu : $E = \infty$; l'Idée : $A_r = \infty$; le Monde : $\Phi_\omega = \infty$,

nous obtenons :

$$\Phi_\omega = \frac{0}{0} \text{ quoique } \Phi_\omega = \infty ;$$

d'où :

$$\frac{0}{0} = \infty,$$

[1] Il est assez évident que cette Trinité pourrait s'interpréter selon le dogme du christianisme, en discernant, par
exemple, dans le premier membre, la deuxième personne ou
le Fils, dans le premier terme du deuxième membre, la troisième personne ou l'Esprit Saint, et dans le second terme du
du même la première personne ou le Père.

solution qui signifie l'indétermination, qui ne vérifie
point l'équation, mais qui donne des éclaircissements
importants sur la question de l'infini. En premier lieu,
cela montre que l'infini ne se pose pas en lui-même et
pour lui-même; en second lieu, cela fait voir qu'il est sa
propre mesure, une unité qui peut cependant prendre
des valeurs variables et multiples; enfin cela indique
que cette unité n'apparaît infinie que parce qu'on regarde
les infiniment petits ou les fractions comme des finis
ou des nombres entiers.

La conclusion est que l'infini n'a qu'une existence
mathématique, qu'il existe seulement en tant que rapport de la partie à l'entier, qui est le tout, en tant que
rapport du discontinu au continu.

Toute quantité implique la proportion par rapport à
l'unité réelle; les fonctions de l'algèbre sont des proportions composées; tous les facteurs autres que A_r, E, et
Φ_ω des fonctions et des fonctionnismes ne sont que des
fractions de l'Être entier et des fractions plus infiniment
petites les unes que les autres. Puisque les fonctions sont,
dans un sens large, des nombres complexes et qualifiés,
puisque les idées et les êtres sont, quant à l'ordre de composition, des fonctions de fonctions, idées et êtres au point
de vue objectif sont des nombres, ainsi que Pythagore
l'affirmait avec transcendance. Dans une conception
fonctionniste du monde, tous les phénomènes n'étant
que des fonctions partielles de la fonction intégrale du
devenir, un phénomène quelconque est, indépendam-

ment du temps, lié directement ou indirectement à tous
les phénomènes passés ou futurs, qui tous sont prévus
par l'Idée en tant que possibles et compossibles.

∴

*De même que l'idée vivante procède d'une moyenne géo-
métrique entre le sujet et l'objet qui se pénètrent, de même
l'Idée suprême procède d'une moyenne entre Dieu dans le
monde et le Monde spirituel, de même toute idée de raison,
procédé d'une moyenne entre Dieu et l'être raisonnable.*

Autres rapprochements : les idées et les êtres sont les
figures, les vraies figures de l'espace. Une âme, en tant
que continu, est objectivement un espace qui a sa limite
externe ; mais ses limites internes, multiples, sont des
idées vivantes, idées qui objectivement sont des figures
proprement dites, tracées dans le continu de l'âme; et
quelles figures ? des figures anamorphiques de celles des
objets externes. L'espace, qu'est l'âme, est le tableau sur
lequel se projettent les figures du dehors, et, comme ce
tableau a des dimensions moins élevées que l'espace
pur, il en découle que les fonctions expressives des
idées seront aux fonctions expressives des objets comme
des figures géométriques projetées sont à des figures
dans l'espace. Alors, dans ces fonctions mathématiques,
devront apparaître les projections complémentaires et
es fonctions circulaires de la trigonométrie, sinus, cosi-

nus, tangentes, arcs, etc. La conséquence mathématique est que des fonctions transcendantes de trigonométrie en x, y, z, ..., des fonctions moins simples que
celles que nous avons rencontrées, devront représenter
algébriquement les idées, et, par les idées, les relations
des choses de l'espace.

De la simple fonction de l'idée vivante, $i = \delta \times s$,
dont le point de départ était en de pures conceptions
métaphysiques, il a été possible déjà, comme on vient
de le voir, de déduire de nombreuses et importantes
relations, psychologiques, psychiques, cosmogoniques et
ontologiques ; pourtant les déductions que nous allons
tirer, de cette fonction fondamentale, ou de celles qui en
sont devenues solidaires, seront peut-être plus surpre-
nantes dans le chapitre qui va suivre ; une relation algébrique entre l'acte et le mouvement, en général, révé-
lera une loi des tourbillons atomiques, et une loi de
la vitesse des masses ; une relation algébrique entre
la cause et l'effet objectifs donnera, en général, la raison
métamécanique des forces, expliquera la génération des
espaces et des figures, et découvrira la loi générale de
pénétration des milieux, de laquelle enfin seront tirées :
la loi de Newton, des lois physiques, et même une loi
toute différente, la loi psychophysique en fonction du
temps.

Ainsi il apparaîtra dans cet essai, sous cette condensation première, que la métaphysique mathématique est
la science qui n'a pas de limites, qui peut se porter ins-

tantanément, par des lignes directes, d'une science à une autre, en apparence sans liens et toute opposée.

Pour finir, nous mettrons en évidence les idées vivantes qui sont dans l'espace.

CHAPITRE III

DES FONCTIONS QUI EXPRIMENT LES CAUSES FORMELLES ET LES FORCES EXISTANTES

RELATION ENTRE L'ACTE, LA FORCE ACTIVE ET LA FORCE
D'INERTIE. — CONSÉQUENCES PHYSIQUES DE TOUTES SORTES

Nous rappelerons d'abord la fonction atomique simple
$\alpha_0 = \mu_0^{-2}$, qui exige deux monades μ_0; en soi-même chaque
monade μ de cette dyade voit l'autre tel qu'un atome
isolé, et, quoique $\alpha = \dfrac{\alpha_0}{2}$ ne fasse pas seul la fonction
naturelle, il n'est pas moins l'indivisible, l'élément
physique prématériel; sa valeur est $\alpha = \dfrac{\mu_0^2}{2}$, et à titre
d'idée vivante elle est :

$$\alpha = \dot{o} \times s \, ;$$

d'où l'identification :

$$\frac{\mu_0^2}{2} = \dot{o} \times s.$$

L'énergie simple d'une masse ayant pour expression

sa puissance vive $\frac{mv^2}{2}$, pour l'atome α, unité absolue de masse inerte $\left(\text{si la masse relative à la mesure est } m = \frac{1}{K}\right)$, on aura :

$$\frac{\mu^2_0}{2K} = \frac{mv^2}{2}, \qquad \frac{\tilde{\mu}_0{}^2}{2} = \frac{Kmv^2}{2}.$$

Cette énergie étant le coefficient mécanique de la monade, est comme fixe pour chaque monade tant qu'elle demeure du même ordre et de la même valeur-existence. Ce qui fait le transport de l'énergie, c'est le transport des monades ; ce qui fait varier l'énergie totale dans l'échange, c'est le changement de directions et de sens des monades, les unes par rapport aux autres, c'est la composition et la concentration des énergies élémentaires qu'elles sont, énergies qui tournent, se diffusent et se concentrent avec les vitesses. Une monade μ_0 possède sa vitesse de translation inhérente, v_0, et une énergie quantitative $\frac{v_0{}^2}{2}$, si l'on ne se borne pas à considérer la vitesse selon une direction unique ; la qualité de cette énergie quantitative dépendra de l'orientation relative de cette monade et de la fréquence de ses changements d'orientation, laquelle fréquence est encore en raison de la valeur de la monade.

Lorsque deux atomes ou deux monades s'approcheront l'un de l'autre afin de ne pas limiter leur moi, et par la nécessité de continuer, ils dévieront leurs vitesses. Si une monade plus puissante, μ'_0, s'oppose à une moins puissante, μ_0', par sa rapidité plus grande, soit de translation, soit de rotation, elle la préviendra, et elle l'inclinera plus qu'une monade semblable à elle, μ'_0, et ainsi elle l'emportera dans l'action. Au fond, il n'y a point de choc matériel de monades, ni même d'unités pures; c'est pour cela que le choc n'altère pas les vitesses inhérentes des atomes, inqualifiées en direction et en sens.

À présent, si nous cherchons à exprimer objectivement par une fonction algébrique la relation entre la cause, qui est l'acte, et entre l'action externe, ce qui revient à dire la relation entre la force active et la force inerte, nous tendrons nécessairement vers la mécanique et vers la cinématique.

En dynamique psychique, l'idée active, l'acte, est la force; le sujet s, multiplié par un pouvoir d'orientation $\frac{1}{\rho}$, a pour coefficient l'objet; l'acte $a_s = \delta \times \frac{s}{\rho}$ est la force active, F_s, que le sujet tire de lui-même. On peut poser :

(1) $$F_s = \frac{\delta s}{\rho} = \frac{\mu_0^2}{2\rho}.$$

Comme $\frac{\mu_0^2}{2}$ équivaut à $\frac{Kmv^2}{2}$,

(2) $$F_s = \frac{Kmv^2}{2\rho};$$

c'est une force évidemment centripète ; car dans l'acte le sujet absorbe l'objet.

Or, l'expression d'une force d'inertie centrifuge, F_c, n'est autre que :

$$F_c = \frac{K'm'v'^2}{2r},$$

m', masse d'un corps ;

v', vitesse d'un corps ;

r, rayon de rotation d'un corps.

F_s et F_c sont des forces *de même forme*, dont les termes se correspondent, et la force active qu'est la première est opposable à la force inerte qu'est la seconde (force, à vrai dire, supposée inerte, parce qu'elle vient du dehors).

Pour que l'équilibre physique et dynamique ait lieu entre l'être, auteur de l'acte, et entre la chose ou le milieu résistant, il suffit qu'on ait :

(1) $\qquad F_s + F_c = 0, \qquad F_s = - F_c ;$

il suffit que la force métaphysique soit égale et opposée à la force physique d'inertie ; remplaçant ces forces par leurs valeurs, on a :

$$-\frac{\overline{\mu_0}^2}{2\rho} + \frac{K'm'v'^2}{2r} = 0,$$

ou :

(2) $\qquad \frac{\overline{\mu_0}^2}{2\rho} = \frac{K'm'v'^2}{2r},$

soit aussi :

$$\overline{\mu_0}^2 \times 2r = K'm'v^2 \times 2\wp \, ;$$

et (3) :

$$F_s \times 2r = K'm'v^2 \, ;$$

(4) $$F_e \times 2\wp = \mu_0^2 .$$

Le produit d'une force par une longueur est un travail ; $K'm'v'^2$ est une énergie et vaut un travail.

L'équation (3) exprime le travail mécanique de la force métaphysique F_s pour un parcours $2r$, tandis que l'équation (4) exprime que la dyade $2\wp$, que le dualisme de deux monades, donne un travail mécanique, ou que l'activité relative d'une monade est une force mécanique $\dfrac{\overline{\mu_0}^2}{2\wp} = F_e .$

La puissance de l'idée active et de l'acte peut, de cette façon, s'opposer à l'inertie en produisant une force active, contraire à la force d'inertie, par un changement d'orientation. De plus, si la force active l'emporte, elle produit une attraction, ou, si la force d'inertie l'emporte, une répulsion est la résultante.

OPPOSITION DES UNITÉS DE FORCE, LOI DES TOURBILLONS
ATOMIQUES

Lorsque deux atomes de même ordre, de masses comparables m', m'' s'opposent, dans l'équilibre dynamique, dans l'équilibration qui résulte de leurs rotations l'un vis-à-vis de l'autre dans le même plan (*Fig.* 1), on a :

$$(5) \qquad \frac{m'v'^2}{2r'} = \frac{m''v''^2}{2r''},$$

et pour tous les atomes, dont la substitution conserve cet équilibre :

$$(6) \qquad \frac{mv^2}{2r} = C^{te} \qquad \frac{mv^2}{2} = Kr \qquad (K, C^{te}) ;$$

s'ils sont de même masse on a :

$$(7) \qquad \frac{v'}{\sqrt{r'}} = \frac{v''}{\sqrt{r''}},$$

$$(8) \quad \frac{v^2}{r} = C^{te}, \qquad v^2 = Kr$$

en différenciant : $v = \frac{K}{2} = C^{te}.$

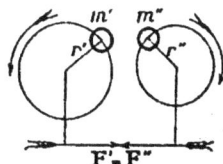

Fig. 1.

Donc, *pour qu'il y ait équilibre, il faut que les puissances vives des atomes soient proportionnelles à leurs rayons de rotation ou à leurs orbites ; si les atomes qui s'équilibrent*

ont mêmes masses, leurs vitesses tangentielles sont propor-
tionnelles aux racines carrées de leurs rayons de rotation.

La loi de l'écoulement des fluides est :

$$\frac{v^2}{2g} = h,$$

h étant la hauteur pesante du fluide ; g, l'accélération
de la pesanteur; v, la vitesse de l'écoulement ou des éléments fluides ; h est en raison inverse de la densité du
fluide :

$$h = \frac{K'}{\delta},$$

δ étant cette densité, on a donc :

$$\frac{v^2}{2g} = \frac{K'}{\delta},$$

formule qui a de l'analogie avec $\frac{v^2}{2r} = \frac{K}{m}$ et qui s'iden-
tifierait avec elle, si on posait m masse $= \delta$, densité
indéterminée.

LOI DES TOURBILLONS PLANÉTAIRES DE L'ÉTOILE DU SOLEIL

La loi des tourbillons planétaires serait-elle compa-
rable à celle que nous venons de déduire ?

Les vitesses moyennes tangentielles des planètes sur
leurs orbites et les rayons moyens de ces orbites, si peu

diliérentes de cercles, sont des données astronomiques, qui résultent de l'observation et de la mesure des temps. L'examen de ces données permet de chercher quelle est la relation entre t^2 et r pour toutes les planètes de notre étoile.

TERRE	CARRÉ de la VITESSE = 1	RAYON de L'ORBITE = 1	PRODUIT = 1	RÉSULTAT $v^2 r = 1$ en tenant compte des approximations et de la multiplication sensible des erreurs
Neptune............	0,0300	30,055	0,99185	= 1
Uranus............ (données moins exactes)	0,0575	19,1826	1,10299	= 1*
Saturne............	0,1089	9,5389	1,00163	= 1
Jupiter	0,1925	5,203	1,00157	= 1

Comme on le voit d'après le tableau ci-contre, la relation est des plus simples, c'est :

$$v^2 \times r = v_0^2 r_0 = C^{te} = 1,$$

la vitesse de la terre, v_0, et son rayon orbital moyen, r_0,
ayant été pris égaux à 1.

Cette loi d'ensemble remarquable[1] présente comme une
opposition avec la loi des tourbillons atomiques $\dfrac{mv^2}{r} = C^{te}$,
qui est inverse, dont l'inversion est, de plus, multipliée
par la masse, qui n'entre pas dans $v^2 \times r = C^{te}$.

On pourrait remarquer que les cercles des planètes
qui s'opposent sont intérieurs et qu'on a affaire à un
système interne ; mais aussi bien on a affaire à un
système d'ordre plus élevé.

Identification des contraires. — Lorsque des termes
métaphysiques sont semblables, leur identification mathématique consiste à les égaler en choisissant des unités convenables ; lorsque des termes sont contraires
en métaphysique, l'identification mathématique doit
consister dans l'opération d'élimination qui fait dispa-
raître les facteurs contradictoires ou inverses.

C'est pourquoi l'identification de $mv^2 = 2Kr$ et de
$v^2 = \dfrac{1}{r}$ sera obtenue en multipliant ces deux équations

[1] Loi qui se déduit d'ailleurs d'une des lois de Képler.

membre à membre, d'où :

(9) $mv^4 = 2K.$

On a encore (10) :

$$\frac{mv^4}{24} = \frac{K}{12}.$$

En tirant de (9) la vitesse, on a :

(11) $v^4 = \frac{2K}{m}$ et $v = \frac{q}{\sqrt{m}},$

q autre coefficient.

Ces équations signifient que les vitesses moyennes résultantes des atomes finalement ne dépendent que de leurs masses, qu'ils soient engagés dans un globe planétaire ou qu'ils se balancent isolément dans l'éterre, dans l'espace appartenant au continu stellaire du soleil. La vitesse moyenne reste en somme invariable pour les atomes de même masse, indépendamment des vitesses relatives qu'ils paraissent avoir.

D'autre part $\frac{mv^4}{24}$ est une double intégration par rapport à v de l'énergie simple $\frac{mv^2}{2}$, $\frac{mv^4}{24} = \int \int \frac{mv^2}{2} d^2v$ est une puissance dynamique d'ordre supérieur. La chaleur et l'électricité représentent des énergies d'ordre et de degré supérieurs à la simple puissance vive, vitesses d'énergies plus simples, forces de forces.

Si nous essayions d'identifier l'équation $v^2 r = K$ avec la loi de Képler, *que, dans un tour de la planète, le rayon variable de l'orbite décrit dans le plan de l'ellipse des aires égales en des temps égaux?* Nous pouvons exprimer cette loi par l'équation :

$$(12) \qquad\qquad K dt = \frac{r^2}{2} d\omega,$$

dt, accroissement de temps ;
$d\omega$, accroissement d'angle ;
r, rayon qui varie peu dans cet aire ;
et dans $v^2 r = K$ nous pouvons remplacer v par ωr, d'où

$$(13) \qquad\qquad \omega^2 r^3 = K, \quad \text{ou} \quad \omega^2 = \frac{K}{r^3};$$

par dérivation, on tire de (13) ·

$$(14) \qquad\qquad d\omega = \frac{6K dr}{r^5}.$$

L'élimination de $d\omega$ entre (12) et (14) nous donne, a, t_0 étant des constantes, $a(t - t_0) = \frac{1}{r^2}.$

Cette relation entre le temps de révolution et le rayon moyen de l'orbite exprime que la différence du temps est proportionnelle à l'inverse du carré du rayon vecteur, ou mieux que le carré du rayon vecteur moyen est proportionnel à l'inverse du temps écoulé.

Cela voudrait dire : que les planètes tombent vers le soleil quoiqu'en oscillant, quoiqu'en décrivant des spirales très convergentes, qui, étant elliptiques, subissent des déformations élastiques. D'ailleurs cette contraction peut trouver une limite par l'intervention d'une loi supérieure, qui agira dans un temps extrêmement grand pour nous.

Et qu'est-ce que la loi supérieure d'une étoile ? C'est plus qu'une contraction de cette étoile, et même plus qu'une contraction suivie d'une dilatation, c'est plus que le jeu élastique de cet univers, c'est plus qu'une loi physique, qui n'est pas une loi vitale. La loi supérieure d'une étoile, c'est la fonction particulière et effective à laquelle elle se trouve appelée, dans son milieu, comme monade de son ordre ; cette monade transcendante, qu'est l'étoile du soleil, non le soleil, a ses limites bien au-delà de la dernière planète visible du système. En tant que continu pur, elle est une âme ; par elle se développent en son sein des figures qui ne sont pas moins des êtres que des mondes, pas moins des idées vivantes que des êtres.

D'une certaine manière, nous n'avons pas cessé d'étudier l'âme et l'idée vivante, en étudiant sommairement les fonctions des atomes et des astres.

RELATION MATHÉMATIQUE ENTRE LA CAUSE ET L'EFFET
RAISON MÉTAMÉCANIQUE ENTRE LES FORCES

Est-ce chose possible que de trouver une relation mathématique entre la cause et l'effet métaphysiques ? Pour certaine catégorie de causes, cela est possible, puisque une relation générale liant l'effet à la cause nous est déjà apparue. La grande difficulté est d'étendre une relation, en quelque sorte par déduction et généralisation, à des catégories de causes différentes ; car notre intention, en définissant une fonction causale, ne saurait être de limiter le concept métaphysique de cause et de rayer les causes qui ne rentrent pas dans cette fonction algébrique.

Les relations mécaniques qui contiennent des forces représentent déjà sous ces forces des manifestations de causes métaphysiques, des additions ou des abstractions de celles-ci. Ce qu'il faut tenter, c'est de dépasser la mécanique, de la lier à la métaphysique, d'en étendre l'idée, en représentant après tout mécaniquement des actions métaphysiques entre des existences primitives. Dès lors que toute existence se développe spatialement, dès lors que toute activité, produisant une répartition spatiale, se prête à une objectivation qui la réalise en forme mobile, il est essayable d'amorcer une raison métamécanique, une relation qui lie la mécanique à la métaphysique. Ou la relation qui sera obtenue expri-

mera dans une certaine mesure le rapport réel de la
cause à l'effet, comme une approximation première, ou
cette relation, insuffisante, laissera voir une erreur
qu'on pourra apprécier et par suite corriger, ou bien elle
sera arbitraire sans qu'une correction se conçoive, et
dans ce pire cas elle se réduira à une expérience néga-
tive, à une hypothèse inachevée.

A quelles conceptions nous conduit l'induction métaphysique, à quelles déterminations objectives nous
amène la synthèse des causes [1] ?

La cause radicale, celle qu'on peut supposer seule,
enveloppe son effet, qui est d'elle une manifestation
interne; de sorte que la totalité de cette cause et de ses
effets doit avoir une valeur d'existence fixe.

Si la cause se multipliait en effets qui puissent l'alté-
rer d'une façon sensible, l'intégration de ces effets
multiples, en les ramenant à l'unité, redonnerait sa plénitude à la cause. En disant : que l'effet *dérive* de la
cause, que l'effet est une *émanation* de la cause, l'intuition métaphysique ne fait que trahir une relation plus
précise.

Le type de la cause, c'est l'Être entier, c'est objectivement le continu, qui s'aliène dans l'espace au profit
d'êtres. Les espaces pleins, qui constituent la substance
des masses et des milieux, sont des effets, et sont, en

---

[1] Voir notre *Essai philosophique*, 1897. — *Quels sont les
Principes de la Raison universelle (causalogique)* ?

tant qu'objets des êtres, tirés de l'Être continu du vide, tirés de la Cause primordiale. L'espace nous fournit le moyen de faire objectifs des corps qui ne sont pas seulement matériels, qui sont au fond des corps spirituels signifiés dans le temps et dans l'espace, signifiés par des mouvements.

Des systèmes représentés par des générations du mouvement sous l'influence de forces traduisent des causes et des actes entre des unités métaphysiques, mobiles et variables les unes par rapport aux autres.

Un effet limité est la pénétration mutuelle d'au moins deux existences; mais ces deux existences en supposent une troisième intermédiaire, qui les fait communiquer ou qui en est le réceptacle.

Les deux existences, ou les deux espaces, qui en se pénétrant deviennent des termes causals de l'effet, s'appuient sur une troisième existence, qui est l'espace donné avec ses propriétés, qui est aussi un espace générateur des premiers. Si l'on passe d'équations, où les termes sont implicitement en valeurs-existences, véritables fonctions métaphysiques, à des équations où les termes sont en existences spatiales dynamiques, c'est à condition d'avoir compris que les âmes ont une traduction spatiale, que les idées ont une traduction spatiale, en tant que relations plus ou moins parfaites d'unités animiques ou de monades; la perfection de ces relations est en proportion de l'ordre objectif, lequel vaut ce que vaut l'ordre subjectif, ou la raison, ou l'idée pure.

EFFET QUI EST LA DÉRIVÉE ALGÉBRIQUE DE LA CAUSE

Ceci posé, nous allons arriver au fait. L'expérience de la communication, c'est-à-dire l'expérience du choc, nous montre d'une part que la vitesse d'une masse est toujours produite par une communication d'énergie ou de puissance vive à cette masse.

Si l'on passe de la langue logique à la langue mathématique, cela s'énonce : que le produit d'une masse par une vitesse a pour cause une énergie ou une puissance vive, est l'effet de cette force vive dans un intervalle unique de temps.

D'autre part, conformément à la mécanique rationnelle, cette énergie, qui est $Q = \dfrac{mv^2}{2}$, équivaut à un travail, tel qu'au travail d'une force mécanique, travail qui est le produit de cette force mécanique, ou de cette pression, par le chemin parcouru. On a T désignant le travail, Q l'énergie,

$$T = Q = \frac{mv^2}{2}.$$

Soit C_1 la cause de l'effet mv, et E_1 cet effet ; on peut donc poser :

$$C_1 = \frac{1}{2}\, mv^2,$$
$$E_1 = mv.$$

Or, précisément, comme nous avions été conduit à le

croire, et par conceptique, et par système, on doit ici constater que l'effet E_1 n'est autre que la dérivée $\frac{dC_1}{dv}$ de la cause C_1, et que la cause C_1, réciproquement, n'est autre que l'intégrale simple, $\int E_1\, dv$, de l'effet E_1 qu'elle produit.

D'où la fonction causale :

$E_1 = C'_1$ dérivée de C_1 par rapport à sa variable, et

$C_1 = \int E_1 dv$ intégrale de E_1 par rapport à v.

Le mouvement simple, ou la vitesse au premier degré, est l'équivalent objectif de l'intensité simple.

Cette relation de la cause à l'effet s'appliquera à toute la série des causes dynamiques qui auront pour variable la vitesse.

Plus généralement, en admettant des constantes dans l'intégrale, on aura :

$$C = \frac{mv^2}{2} + m'v + m^{\bullet} \text{ avec } E = mv + m',$$

et si :

$$E = mv \qquad C = \frac{mv^2}{2} + m';$$

la constante m' pouvant avoir diverses valeurs.

Dans cette dernière équation, $C = \frac{mv^2}{2} + m'$, quel que soit m', on aura toujours le même effet $E = mv$. Cette remarque a son importance, l'importance d'une sorte de vérification de sens commun et d'observation générale ; car cela veut dire que : *des causes différentes de même degré, indéterminées en un paramètre, peuvent cependant produire un effet identique* ; ainsi des individus différents, des animaux différents, des unités différentes pourront causer le même effet.

E_1, l'effet de C_1, représente une force impulsive, ce qu'on appelle encore une quantité de mouvement ; il est à son tour une cause, C_0, dont on obtient l'effet E_0, en prenant la dérivée par rapport à v ; et cette dérivée dernière est $E_0 = m$, la masse nue, dernier résidu de la force, force physiquement passive, unité matérielle dépouillée de toute activité, qui, pour cela, ne saurait être strictement qu'un atome simple ou qu'une addition d'atomes simples sans vitesses, unité qui ne développe pas encore d'espace, d'intérieur.

Remontons maintenant la série des causes C, laquelle est aussi la série des effets E, ce qui est possible, puisque chaque cause devient effet par rapport à celle de puissance plus élevée dont elle dérive.

Ainsi on a :

$$C_2 \text{ cause de } C_1 = \int C_1 dv,$$

devenant :

$$C_2 = \frac{mv^3}{6} + \frac{m'r^2}{2} + m'v + m'' ;$$

$$C_3 \text{ cause de } C_2 = \int C_2 dv,$$

devenant :

$$C_3 = \frac{m v^4}{24} + \frac{m' v^3}{6} + \frac{m'' v^2}{2} + m''' v + m^{iv};$$

$$C_4 \text{ cause de } C_3, \text{ etc.}$$

Ce ne sont encore là, dans la réalité, que des causes toutes élémentaires. La loi qui lie l'effet à la cause, ou aux causes dont il résulte, nous importe surtout. De la différence de plusieurs causes, un seul effet peut bien résulter; mais métaphysiquement cette opération exige une cause promotrice, qui rapproche et combine, qui dispose de la variable commune.

Par extension, quand une énergie H sera donnée en fonction d'une autre R, $H = f(R)$ par exemple, la cause H (selon R) aura pour effet $\frac{dH}{dR}$, qui est sa variation par rapport à celle de R, sa dérivée en R. D'où une série causale H_n à R.

Dans les formules ci-dessus, C_4 représente comme la composition énergétique la plus simplifiée de l'atome élastique primaire, C_2 représente comme celle de l'atome chimique, C_3 comme celle de la molécule ou unité au-dessus de C_2.

A m, à m', à m'', à m''', correspondent subjectivement les groupes de monades de rangs successifs, qui entrent dans les fonctionnismes, tandis qu'à m^{iv} dans l'équation de C_3 correspond la monade dominante qui dirige la fonction moléculaire, qui détermine son espace, déjà

valant quatre dimensions, et elle fait, comme on sait, l'unité par un pouvoir d'orientation contingent ρ, qui ne figure plus dans cette formule.

On conçoit que, sous la lettre v, il y ait des produits de vitesses distinctes, ou en les ramenant à un seul v, des fonctions de v de telle sorte que les équations prendraient des formes plus complexes ; on aurait quelque chose comme :

$$C_3 = m (v.v'.v''.v''') + m' (v'.v''.v) + m'' (v.v') + m''' \times v + m_{IV},$$

avec :

$$v = \varphi (\rho), v' = \varphi (\rho, \rho'), v'' = \varphi (\rho, \rho', \rho''), v''' = \varphi (\rho, \rho', \rho'', \rho''').$$

Dans chaque direction de système, il doit y avoir une vitesse v' qui est directrice des vitesses v'' des éléments subordonnés et qui est elle-même inclinée par la vitesse de sa dominante ; de l'harmonie des mouvements de mouvements et des forces de forces dépend la forme, l'équilibration, le potentiel du système atomoïde.

TABLEAU DE GÉNÉRATION CAUSALE DES FORCES, DES ÉNERGIES

DES ESPACES DE DIVERSES PUISSANCES

DÉRIVATIONS	FORCES	VALEURS	ESPACES	CHOCS	PÉNÉTRATIONS
I de	Force purement passive ou masse pure.	m	Espace virtuel	Néant	Néant
II de	Force impulsive ou quantité de mouvement.	mv	Espace linéaire (cercle πD)	impulsion	Répulsion seulement
III de	Force motrice, puissance vive.	$\dfrac{mv^2}{2}$	Espace à 2 dimensions $\left(\text{cercle } \dfrac{\pi D^2}{4}\right)$	Choc élémentaire simple	Pénétration de deux espaces linéaires
IV de	Force qualifiée, force de force.	$\dfrac{mv^3}{6}$	Espace à 3 dimensions (sphère)	Choc élémentaire double	Pénétration d'un espace linéaire et d'un espace superficiel

RAISON DE L'ESPACE PLEIN ; RÉSULTAT GÉOMÉTRIQUE ; GÉNÉRA-
TION CINÉMATIQUE DE LA LIGNE, DE LA SURFACE, DU VOLUME
ET DES ESPACES SUPÉRIEURS.

En termes métaphysiques, une fonction de degré supérieur est, nous venons de le voir, la cause qui engendre
une fonction de degré inférieur. Comment se fait-il que
nous allons pouvoir considérer en termes géométriques
qu'un espace à moindre puissance engendre (par le
mouvement) un espace à plus de puissance ? c'est que
nous ne nous occuperons plus que des facteurs, espace
et mouvement, espace et trajectoire, espace générateur
et espace directeur, en négligeant l'opérateur, le pouvoir de synthèse; c'est qu'il y a ce sous-entendu dans
la causation expliquée par les parties.

Une surface engendrera cinématiquement un volume
en étant mue suivant l'idée convenable, qui est capable
de réaliser le volume, en étant combinée par une pénétration linéaire convenable. Dans la nature, une unité
directrice remplira la fonction de ce genre de système qu'est le volume concret, et c'est cette unité qui
est la cause consciente de l'idée effective, de l'effet, par
l'acte générateur ou conservateur du volume. Aussi la
surface n'est qu'un moyen de causation contenu dans
l'idée qui le combine avec un autre moyen de causation,
la courbe directrice qu'elle parcourera. Donc on se rap-
pellera cette inversion entre la génération cinématique

abstraite, qui semble tirer le tout des parties et entre la
génération métaphysique concrète, qui tire les parties du
tout. A ce sens près, les procédés de génération ne dif-
fèrent pas.

Dans la géométrie polymorphe, dont il est la question, le mouvement peut être maintenant assimilé à une
opération qui transforme une figure géométrique, qui la
fait naître en multipliant les limites, à une opération
qui morphose un espace en l'élevant à une dimension
supérieure.

L'idée de la morphose cinématique de l'espace se
trouve déjà contenue en germe dans la théorie géométrique des surfaces de révolution, dans le théorème de
Pappus, plus connu sous le nom de théorème de
Guldin ; mais, trop particulière, cette théorie ne met
point en évidence la constitution entièrement cinématique de l'espace en tant que figures spatiales ; elle ne
laisse point soupçonner les morphoses illimitées qui
résultent de la pénétration mutuelle des espaces, de
l'opposition des forces-vitesses et, en fin de compte, qui
résulte pour la métaphysique de la composition des
puissances animiques et de la subordination des causes
actives, placées sous une vision objective.

Dans l'espace naturel, un continu permettant la relation, dès que des corps entrent en relation par le
mouvement, c'est-à-dire élémentairement par la force-
vitesse, ces corps subissent des modifications, et des
effets se produisent.

Aussitôt que les corps arrivent à se pénétrer, principalement dans le choc apparent, non seulement il y a des modifications de formes, mais il y a des transformations, des morphoses de l'espace occupé, lequel cesse alors d'être du plein continu et homogène autant qu'il l'était.

Pendant que les corps opposés et juxtaposés, puis fusionnés, travaillent, il y a morphose de l'espace, ou plutôt des espaces qui communiquent, et qui à ce moment vont jusqu'à changer de puissance de dimensions ; c'est naturellement l'instant même où les unités métaphysiques aussi communiquent, l'instant où le sujet et l'objet entrent en rapport, l'instant où une relation interne s'établit.

Dans l'action mécanique, par exemple, qui oppose les énergies des corps, des figures de géométrie à trois dimensions deviennent, si les conditions voulues sont remplies, des figures à quatre dimensions, ces figures étant renfermées soit dans les ensembles, soit dans les éléments des corps qui se frappent.

.·.

Voici comment s'opère la génération cinématique d'espaces, successivement, à une dimension, à deux dimensions, à trois dimensions, à quatre dimensions, et à plus. Un point qui est, nous ne dirons pas de dimension nulle, mais qui est comme réalité un espace

sans dimension, lorsqu'il se meut alternativement vis-à-
vis d'un autre (atome double de l'éterre, fonction de
deux monades, fonction linéaire) décrit une ligne qui
est un espace à une dimension.

Cette ligne est une voie réellement tracée, un sillon
dans le continu du vide, vide qui, ainsi qu'il a été
expliqué, maintient une communication nouménale.

Géométriquement parlant, on est fondé à dire que le
point produit par le mouvement un espace *unimension*,
lequel est une ligne par persistance. Pour qu'il en soit
ainsi en fait, pour que la ligne conserve une certaine
réalité objective, il suffit que le point se meuve, ou d'un
mouvement alternatif, ou d'un mouvement circulaire
continu, d'une amplitude très petite, entre deux autres,
qu'il se meuve ainsi avec une vitesse énorme sur une
trajectoire droite ou courbe ; il suffit, plus pratiquement,
qu'une série de points (ou de monades qui fonctionnent
comme des points dynamiques) se succèdent très rapi-
dement, en se partageant des intervalles excessivement
faibles pour une amplitude totale plus grande. Si ces
conditions sont satisfaites, et il n'est pas même nécessaire qu'elles le soient pour des atomes, de simples par-
ticules les remplaçant à nos yeux, l'observation cons-
tatera l'existence d'une ligne produite par le mouvement
de points particulaires ; par exemple, l'observateur
aura la vision d'un cercle formé par un point brillant,
par exemple il obtiendra la photographie d'une ligne
engendrée par la vibration très rapide de quelques points

lumineux, par exemple il vérifiera la résistance d'une
ligne engendrée par des points, tels que des projectiles
très intenses et très rapprochés. En ce qui concerne la
résistance de la ligne, elle sera évidemment en proportion du nombre des points et de l'intensité vive des
points ; d'où l'on voit déjà comment des figures identiques peuvent se diversifier par leurs résistances.

Secondement, une ligne qui est un espace unimension,
constitué par une rangée de points vifs, ou par un flux
de points vifs, ce d'ailleurs dont il n'y a plus à se préoc-
cuper en la considérant comme continue, cette ligne
produit de même façon par le mouvement un espace
supérieur, à deux dimensions, soit dit *bimension*, et qui
est une surface proprement dénommée.

Pour que cette surface ait une certaine réalité sensible,
il faut, soit que la ligne, fermée et très petite, tourne
fort vite autour d'un rayon assez faible, soit, plus pratiquement, qu'une série de lignes se succèdent de très
près dans un mouvement courbe de plus grand rayon,
ou dans un mouvement alternatif de plus grande amplitude.

Dans ce cas, l'expérimentateur aura facilité de vérifier
le phénomène de la surface sensible, qui est causé par
le mouvement des lignes génératrices ; il apercevra des
surfaces de révolution engendrées par la rotation de
fils métalliques; il verra un plan formé par la vibration
d'un fil; peut-être qu'il photographierait de telles surfaces artificielles, si les vitesses étaient rendues suffi-

saminent grandes, et, s'il y avait un nombre suffisant de génératrices pour faire apparaître la continuité.

Une surface minuscule, constituée par plusieurs lignes à de très fortes vitesses, pourrait présenter à l'expérience des phénomènes de résistance qui seraient conformes à ceux d'une surface naturelle; mais la résistance n'y serait point encore uniforme en tous sens, tant à cause du sens unique de la rotation qu'à cause de l'inégalité des vitesses tangentielles, et, par suite, il faudrait expérimenter sur un plan composé avec plusieurs semblables éléments de surface très rapprochés. On conçoit aussi que des surfaces de même génération présenteront des résistances et des opacités croissantes avec le nombre des génératrices et avec la vitesse angulaire.

En troisième lieu, une surface, qui est un espace de deuxième puissance ou bimension, que constituent une rangée de lignes plus ou moins vives, ce dont on n'a plus dorénavant à faire la distinction en la supposant continue entre certains intervalles, ladite surface produit par le mouvement un espace supérieur, à trois dimensions, qui est l'espace normal, le *trimension*, qui est un volume simple. Il est nécessaire, pour que ce volume offre une certaine réalité, que ses éléments soient engendrés par de très petites surfaces, tournant à grandes vitesses autour de rayons proportionnés.

Le phénomène du volume ainsi produit peut être étudié par les ombres et par la translucidité, en tenant compte de l'imperfection de l'expérience.

Si un volume artificiel était assez bien réalisé, il devrait ou déplacer d'autres volumes naturels, tels que des fluides, ou, ne les déplaçant qu'en partie, il devrait augmenter leurs densités et leurs pressions. Ainsi un sel, en se dissolvant dans un liquide sans le déplacer, augmente sa densité; ainsi l'eau, en se vaporisant dans un gazomètre, augmente la pression du gaz.

Il n'y a point de raison pour que la génération d'espaces supérieurs au volume simple ne se poursuive pas de la même façon.

Un volume, qui est un espace trinension, une troisième puissance de l'espace, qu'il soit naturel ou qu'il soit théoriquement constitué comme il vient d'être imaginé, devra produire par le mouvement convenablement appliqué un espace encore plus élevé de degré, lequel sera à quatre dimensions, ou *un quatrimension*. C'est un propre volume supérieur, et c'est identiquement une surface de surfaces, un volume de lignes par rapport au volume de points.

Quoique nous n'ayons plus la perception visuelle statique de l'espace de révolution à quatre dimensions, nous en avons pourtant une perception visuelle cinématique; cette perception, nous l'avons dans la rotation excentrique d'un simple volume, par exemple dans la rotation d'une toupie qui tournoie, dans celle des boules d'un régulateur centrifuge, dans celle d'une bille qui pivote.

Alors nous voyons apparaître des propriétés spéciales,

qui ne sont autres que des propriétés d'espaces à quatre dimensions, propriétés conçues comme celles du mouvement ajouté. Le déplacement de volume, l'augmentation de pression et de densité, ou la variation de ces termes, les déviations vibratoires, toutes choses que produirait un espace *quatrimension* dans un milieu fluide, pourraient être étudiées, si l'espace de ce degré était réalisé avec l'intensité suffisante.

Enfin un volume quatrimension, un espace de quatrième puissance, engendrera, grâce à un mouvement approprié, à savoir qui ne se confonde pas, qui ne s'additionne pas à un mouvement préexistant, un volume *quintimension* qui sera un espace et une fonction énergétique de cinquième puissance.

La notion expérimentale de cet espace, le giroscope la fournit ; dans un système giroscopique, remplaçons le tore par des diamètres du tore portant de petites
$$\text{o}$$
sphères à leurs extrémités, ainsi que des balanciers o+o.
$$\text{o}$$

Le plan des boules, ou de la roue à boules, est perpendiculaire au plan du cercle-support qui reçoit le pivot de cette roue.

Ces petites sphères *pleines* seront les éléments trimensionspris comme générateurs de l'espace quintimension. Il s'agit de leur communiquer deux mouvements non identifiables qui se multiplient.

Quand le tore quatrimension sera produit par une vitesse très considérable des petits volumes dans leur

plan c'est-à-dire de la roue, on communiquera au cercle
mobile, qui porte l'arbre du tore, une rotation perpendiculaire à la première. Le tore engendrera ainsi en
tournant une pseudosphère quintimension, qui jouit de
propriétés singulières, qui offre au déplacement angulaire une résistance énorme, qui manifeste des forces
d'inerties complexes.

La série des générations cinématiques se continuant,
donnerait par morphose rotatoire des espaces de puissances majeures, lesquels seraient dans notre continu,
réels ou imaginaires.

Dans la nature, les élévations de puissance spatiale
ne se poursuivent pas sur un système, mais sur une
somme de systèmes emportés par un mouvement général de milieu. Les atomes chimiques ont leurs mouvements dans la molécule qui a les siens, et dans les
atomes chimiques des atomes inférieurs ont encore les
leurs.

Les corps explosifs se conduisent tels que des espaces
qui ne supportent point une nouvelle morphose, qui ne
supportent point une surélévation de puissance spatiale,
ou de puissance énergétique, sans se détruire dans le
milieu qui est donné.

Le choc et l'électricité, qui font exploser la dynamite,
correspondent donc à des élévations de puissance, et, on
le verra aussi, à des causes répulsives de troisième
degré. Le corps explosif étant engendré chimiquement
avec absorption de chaleur, ce fait constant vérifie

qu'une élévation de puissance spatiale exige de l'énergie et qu'un abaissement de puissance spatiale restitue de l'énergie. La détente est un abaissement différenciel de puissance spatiale. La chaleur surtout correspond à une élévation de mouvement et à une élévation de puissance spatiale des éléments.

EXTENSION DES FONCTIONS CAUSALES AUX GÉNÉRATIONS GÉOMÉTRIQUES

Le rapprochement identique des générations géométriques et des générations spatiales dynamiques aboutit à reconnaître dans les figures géométriques, dans les fonctions par conséquent qui les expriment analytiquement, des fonctions semblables de nature à celles du mouvement données dans le tableau des forces, c'est-à-dire aboutit à reconnaître que la géométrie et l'algèbre, aussi bien que la mécanique, en exprimant des espaces ou des forces, expriment des fonctions causales, au fond métaphysiques, expriment des opérations diverses et des communications diverses entre ces fonctions.

Il ne faut pas l'oublier, ces fonctions causales expriment objectivement des relations entre unités spirituelles ; les espaces ou les forces sont en soi des âmes, car les forces ou les figures spatiales sont encore en soi des idées ou des contenus d'âmes ; les monades développent ou des idées, ou des figures, ou des forces, dans le milieu, ou dans la monade qui les enveloppe et qui a le

pouvoir d'assurer la continuité des variables et de faire
la synthèse des forces. Que les espaces sont identiques à
des esprits objectivés, que les figures le sont à des idées
objectivées, et que les lois des espaces sont les lois de
communication entre monades, c'est ce qui ne fera que
ressortir plus matériellement, avec tout ce qui a été
suggéré ; des applications diverses et des exemples divers
que nous allons tirer successivement de la loi mathématique de causalité ; car, de cette loi, il y a encore à
déduire maintes conséquences, plusieurs corollaires.

Les fonctions les plus transcendantes qu'ont décou-
vert les mathématiciens par l'analyse trouveront un
jour leurs applications en métaphysique pour représenter les systèmes réels et profonds que sont les âmes
et les idées vivantes, comme pour représenter leurs relations externes, qui sont les corps et qui réalisent les
milieux sensibles.

∴

C'est au point de vue de leurs mesures de contenance
que nous allons présentement poser les espaces à dimensions multiples ; mais leurs déterminations et leurs
intersections aboutissent tout de même à des figures

A ce point de vue de contenance dynamique, de pro-
duction par mouvement, la vitesse v, qui est égale à
ωr, ω étant l'angle décrit, r le rayon, peut aussi bien
remplacer comme facteur un espace linéaire $l = \omega r$:

seulement, en simple géométrie, l'espace ne doit être décrit qu'une fois sans doublure :

Soit E_n un espace à n dimensions, E_{n+1} à $(n+1)$ dimensions, on a :

$$E_{n+1} = E_n \times E_1, \qquad E_{n+1} = E_n \times (\omega r),$$

le rayon convenable est un bras de levier $r = \dfrac{R}{m}$, qui part du centre de gravité.

L'espace sans doublure sera le produit de E''_n, espace utile de E_n, par $\omega r = 2\pi \times \dfrac{R}{m}$ (2π un tour).

La détermination statique est par suite :

$$E_{n+1} = E_{En} \times \left(2\pi \, \frac{R}{m} \right).$$

Si E_L représente la ligne, E_V le volume, E_s, la surface, et si K est un coefficient de limitation, d'utilisation, on aura $E_V = E_s \times E_L \times K$.

Il serait facile de multiplier des exemples de cette génération et à toutes dimensions, dans tous les cas où l'on sait trouver le centre de gravité.

Ici nous nous bornerons à un seul

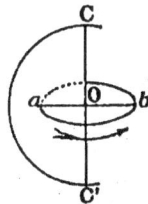

Fig. 2.

exemple : prenons pour E_s la surface d'un cercle ; si nous faisons tourner ce cercle, CC', sur lui-même (voir la *figure*), un demi-tour lui fera engendrer une sphère. Donc pour

la figure statique la surface utile est la moitié du
cercle :

$$E_s{}'' = \frac{1}{2} \times \frac{\pi l^2}{4} = \frac{\pi l^2}{8},$$

l étant le diamètre du cercle.

La trajectoire directrice est le cercle aob, qui passe
par le centre de gravité de la surface utile $E_s{}''$; comme
$ao = \frac{2l}{3\pi}$, c'est $2\pi \times \left(\frac{2l}{3\pi}\right)$ ce cercle; K vaut 3π; d'où :

$$E_v = E_s \times E_L \times \frac{1}{K} = \frac{\pi l^2}{8}\left(2\pi \times \frac{2l}{3\pi}\right) = \frac{\pi l^3}{6},$$

qui est bien le volume de la sphère.

RELATIONS ENTRE CAUSES OU EFFETS SPATIAUX
DE PUISSANCES DIFFÉRENTES

Ces préliminaires établis, ce qui doit attirer l'attention,
c'est ce fait important *que E_s est une dérivée de E_v et
que E_L est une dérivée de E_s,* parcequ'ils concourent à la
même loi : $E_v = E_s \times E_L \times K$.

Soit alors F (x) la fonction analytique qui représente
E_v, et suivant les notations ordinaires, F' (x), la dérivée
première de cette fonction, F' (x), sa dérivée seconde.

On aura les trois équations :

(2) $\qquad E_v = F(x),$

(3) $\qquad E_s = F'(x) = \dfrac{\Delta E_v}{dx},$

(4) et (4 *bis*) $E_t = F''(x) = \dfrac{\Delta^2 E_v}{d\bar{x}^2} = \dfrac{\Delta E_s}{dx},$

et à cause de (1) $KE_v = E_s \times E_t$, il viendra :

(5) $\qquad K \times F(x) = F'(x) \times F''(x).$

Comme la série des dérivées n'est autre que la série des causes dérivées, on passera de la première série, série des espaces, à la seconde, qui est la série des causes, en remplaçant les lettres E, qui signifient les espaces, par des lettres, C, qui indiquent les causes; depuis la première puissance C_1 jusqu'à C_6, on obtiendra une série $C_1, C_2, C_3, C_4, C_5, C_6$ de termes qui sont, et des causes spatiales, et des espaces, et qui dérivent les uns des autres.

On a ainsi à la place de (5), $KC_3 = C_2 \times C_1$, relation entre la cause de troisième puissance et les causes de deuxième et de première puissance, qui sont son effet et l'effet de son effet.

Vérification. — Appliquons cette relation aux termes $\dfrac{mv^3}{6}$, $\dfrac{mv^2}{2}$ et mv, causes dynamiques ; on constate que

$$\frac{mv^3}{6} \times (3\,m) = \frac{mv^2}{2} \times mv, \text{ avec le paramètre } K = 3m.$$

Généralisation. — Pour les morphoses d'espaces plus élevés, ou pour les produits de causes plus élevées, on obtient les équations suivantes :

M, M', N, N', P, P' étant des constantes, C, les causes, F (x), les fonctions qui les expriment,

$$(7) \qquad MC_1 = C_3 \times C_1 ;$$
$$(8) \qquad M'C_1 = C_2 ;$$

correspondant pour $C_1 = F(x)$ à

$$(9) \qquad M \times F(x) = F'(x) \times F''(x) ;$$
$$(10) \qquad M' \times F(x) = F' \overline{(x)}^2 ;$$

$$(11) \qquad NC_3 = C_1 \times C_1 ;$$
$$(12) \qquad N'C_3 = C_3 \times C_2 ;$$

correspondant pour $C_3 = F(x)$ à :

$$(13) \qquad N \times F(x) = F'(x) \times F^{IV}(x) ;$$
$$(14) \qquad N' \times F(x) = F''(x) \times F''(x) ;$$

$$(15) \qquad P \times C_6 = C_3 \times C_2 \times C_1 ;$$
$$(16) \qquad P' \times C_6 = \overline{C_3}^2 ;$$

correspondant pour $C_6 = F(n)$ à

$$(17) \qquad P \times F(x) = F''(x) \times F^{IV}(x) \times F^{V}(x) ;$$
$$(18) \qquad P' \times F(x) = \overline{F}^{-2}(x).$$

Ces équations peuvent encore se combiner et se transformer.

$$\text{Pour: } C_4 = \frac{mv^4}{24},$$

on a en appliquant (7):

$$M \times \frac{mv^4}{24} = \frac{mv^3}{6} \times mv, \text{ avec } M = 4m,$$

et en appliquant (8):

$$M' \times \frac{mv^4}{24} = \left(\frac{mv^2}{2}\right)^2, \text{ avec } M' = 6m.$$

Les formules (1), (2), (3), (4), (5), (6), donnent les énoncés suivants, et les autres donneraient des énoncés du même genre.

Un espace à trois dimensions, qui a pour générateurs un espace à deux dimensions et un espace à une dimension, est proportionnel au produit de ces deux espaces, qui sont le premier sa dérivée première et le second sa dérivée seconde. Ce qui résulte de :

$$E_v = (E_s \times E_L) \frac{1}{K}, \qquad E_s = F'(x),$$

et de :

$$E_L = F''(x) \quad \text{pour} \quad E_v = F(x).$$

Autre énoncé. — Un espace à trois dimensions, qui résulte de la morphose cinématique d'un espace, à deux

dimensions, peut être une intégrale de cet espace alors
que l'espace directeur, à une dimension, en est la dérivée :

$$\frac{E_v}{E_s} = \frac{1}{K} \times E_L, \qquad \frac{F(x)}{F(x)} = \frac{1}{K} \times F'(x).$$

Le rapport de l'espace engendré à l'espace générateur est proportionnel à l'espace directeur, et le rapport de l'espace à trois dimensions à sa dérivée est
proportionnel à sa dérivée seconde.

*Enoncés dans lesquel on substitue aux termes d'es-
paces les termes de causes et d'effets spatiaux :*

I. Une cause spatiale C_3, de troisième puissance, est
proportionnelle au produit de son effet, E_3, par l'effet
de son effet E_2 :

$$C_3 = \frac{1}{K} E_3 \times E_2, \quad E_3 = C_2, \quad E_2 = C_1.$$

II. Une cause spatiale C_2, de seconde puissance, est
proportionnelle au carré d'une cause de première puissance, ou au produit de deux causes de premières
puissances :

$$R \times C_2 = \overline{C_1}^2 = C_1' \times C_1'.$$

III. Le rapport de la cause de seconde puissance à sa
propre cause, qui est une cause de troisième puissance,
est en raison inverse de son effet, ou par suite en raison

inverse de la cause de première puissance :

$$\frac{C_2}{C_3} = \frac{K}{E_2} = \frac{K}{C_1}, \qquad C_1 = E_2.$$

Des causes supérieures à la troisième puissance du mouvement donneront les expressions verbales que voici :

IV. La cause de quatrième puissance est proportionnelle : 1° au produit de la cause de troisième puissance par la cause de première puissance, ou au produit de l'effet de quatrième puissance par l'effet de la seconde puissance ; 2° elle est proportionnelle au carré de la cause de seconde puissance, ou au carré de l'effet de troisième puissance :

$$C^4 = \frac{1}{M}(C_3 \times C_1) = \frac{1}{M'}\overline{C_2}^2 = \frac{1}{M}(E_1 \times E_2) = \frac{1}{M'}\overline{E_3}^2.$$

V. La cause de cinquième puissance est proportionnelle : 1° au produit de la cause de quatrième puissance par celle de première puissance ; 2° au produit de la cause de troisième puissance par celle de seconde ; soit aux produits des effets qui sont équivalents :

$$C_5 = \frac{1}{N}(C_4 \times C_1) = \frac{1}{N'}(C_3 \times C_2) = \frac{1}{N}(E_3 \times E_2)$$
$$= \frac{1}{N'}(E_4 \times E_3).$$

VI. La cause de sixième puissance est proportionnelle : 1° au produit des causes des trois premières
puissances ; 2° au carré de la cause de troisième puissance ; soit au produit des effets équivalents des trois
secondes puissances, soit au carré de l'effet de quatrième puissance :

$$C_6 = \frac{1}{P}(C_1 \times C_2 \times C_3) = \frac{1}{P}, \qquad \overline{C_3}^2 = \frac{1}{P} \overline{E_4}^2$$

$$= \frac{1}{P}(E_2 \times E_3 \times E_1).$$

Telles sont les fonctions causales de toute une catégorie de causes spatiales, et ce ne sont que des opérations effectuées sur elles qui donnent des fonctions de
toute sorte.

CALCUL CAUSAL ET CALCUL EFFECTUEL ; RÈGLES GÉNÉRALES

L'identification, qui se trouve exister entre le calcul
intégral et le calcul causal, entre le calcul effectuel et le
calcul différentiel, — résultat de ce que la cause dynamique, dans son expression simple, est l'intégrale de
son effet, — permet de transposer aux causes et aux
effets des règles d'analyse qui prennent de ce fait une
valeur considérable.

I. La cause, en termes mathématiques, de la différence de deux effets est égale à la différence entre les

causes de ces effets. On a en analyse :

$$\int [f_1(x) - f_2(x)]\, dx = \int f_1(x)\, dx - \int f_2(x)\, dx,$$

d'où :

$$\int (E - E')\, dv = \int E\, dv - \int E'\, dv$$

(E, E' effets, C_E, $C_{E'}$ causes correspondantes);
enfin :

$$C_{E - E'} = C_E - C_{E'}.$$

II. La cause d'un effet composé, ou d'une somme d'effets, est égale à la somme algébrique des causes de ces effets [1]. On a :

$$\int [f_1(x) + f_2(x) + f_3(x) \ldots]\, dx = \int f_1(x)\, dx + \int f_2(x)\, dx + \ldots,$$

d'où :

$$\int [E + E' + E'']\, dv = \int E\, dv + \int E'\, dv + \ldots;$$

enfin :

$$C_{E + E' + E''} = C_E + C_{E'} + C_{E''}.$$

III. La cause d'un effet par rapport à une variable est égale : au produit de cette effet dynamique par la

[1] C'est la synthèse qui a une unité métaphysique.

variable, diminué de la cause dynamique de la variable :
On a : .

$$\int v^n dx = v^n x - \int x \, d(v^n),$$

d'où :

$$C = \int E dx = E \times x - C_x.$$

IV. La variable dynamique est la vitesse v, intensité objective ; après cette variable fondamentale d'autres variables, qui semblent irréductibles, sont la distance x et le temps t ; de ces principales variables on peut passer à des variables conventionnelles par ce qu'on appelle en algèbre le changement de variables, par ce qu'on appelle en physique la définition d'unités de mesure :

$$v = \varphi(x, t), \quad t = \psi(x), \quad \gamma = \chi(v, t):$$

· V. Il en résulte qu'on peut aussi changer de causalité, passer de causalités concrètes ou dynamiques à des causalités abstraites ou fictives, qui sont liées aux premières : $C = F(C_a, C_b, ...)$.

VI. De l'intégration de rapport d'effets de divers degré, le calcul pourra tirer des équations qui, analytiquement parlant, seront irrationnelles, et qui seront de fausses causes, des fonctions de causes :

$$\int \frac{E_2 + E_3}{E_n + E_1} = \int \frac{\mathcal{F}(x)}{\varphi(x)} \, dx.$$

Ces rapports, s'ils sont des fonctions algébriques irrationnelles, seront encore des causes relatives pour l'esprit et vaudront encore des raisons relatives pour l'esprit.

VII. — Toutes les fois que des unités métaphysiques se représentent par des nombres les propriétés dont jouissent mutuellement ces nombres sont applicables à leurs rapports. Si une proportion existe entre n nombres spécifiques, elle existera entre n unités métaphysiques, en tant que valant ces nombres ; ce qui n'exclura point d'autres proportions entre elles sous d'autres points de vue. Si une première unité métaphysique vaut une ligne ; une seconde, un triangle ; une troisième, un tétraèdre, les rapports de ces figures signifient, dans l'espace, des rapports de ces unités ; la première se trouve contenue au moins trois fois dans la seconde, et la seconde au moins quatre fois dans la troisième.

D'emblée nous ne saurions soupçonner toutes les conséquences métaphysiques qu'on peut tirer des moyens du calcul, surtout du calcul intégral en les appliquant, en les adaptant, au calcul causal ; des réactions réciproques de l'idée métaphysique et de l'idée mathématique laissent espérer un double profit, quand des mathématiciens se seront pénétrés des sens métaphysiques et quand ils auront pris goût à la métaphysique mathématique.

Des applications premières de ces notions qui vont maintenant être faites dégageront de la façon la plus

simple des lois d'une grande portée, en harmonie avec
les lois connues.

ACTION DYNAMIQUE DES CORPS ; ACTION DE DEUX ESPACES L'UN SUR L'AUTRE

Ainsi que vous l'avez vu précédemment, une cause
spatiale par sa nature mécanique est assimilable, à une
énergie de degré correspondant, à une fonction vive de
même degré. Soit C_n une cause spatiale, Q_n une énergie
qu'elle vaut; on a (1) $C_n = Q_n$, et parce que $Q_n = T_n$
travail qui mesure l'énergie, et que $T_n = F_n \times x$, force
mécanique qui mesure le travail sur un parcours x, on
a aussi (2) $C_n = F_n \times x$.

Or C_n est donné en fonction des vitesses par l'équation
en v^n, qui est :

$$(3) \quad C_n = av^n + bv^{n-1} + cv^{n-2} + \ldots + pv + q$$

(si toutefois on a eu la précaution d'introduire toutes les
constantes dans l'intégration des causes de C_0 à C_n).

Partant de (2) et (3), il s'agit d'obtenir une équation
de la force, dans laquelle n'entreront plus que les
variables F, la force, et x, la distance pour obtenir la
loi générale de l'action en fonction de l'espace seulement.

La génération, matérielle et résistante, d'un espace par
le mouvement d'un espace générateur suivant un espace
directeur, une telle génération a une valeur de maté-
rialité, ou d'intensité matérielle, qui est proportionnelle

à la vitesse du développement. La vitesse v, laquelle donne sa valeur à la cause de morphose, est proportionnelle à l'intensité de la génération. Mais la génération n'est autre chose qu'une pénétration continue de deux espaces, et l'on peut aussi dire que la vitesse v est proportionnelle à l'intensité de pénétration des espaces linéaires.

D'autre part, l'intensité de pénétration de deux espaces de premier degré est elle-même en raison inverse de leurs distances, c'est-à-dire en raison inverse de la distance des centres de gravité, en lesquels on suppose concentrées les masses élémentaires ; car, en réalité, quand deux masses visibles se dirigent l'une vers l'autre, ce sont tous les espaces invisibles qui séparent ces deux masses qui se pénètrent.

Par conséquent la vitesse v, qui est proportionnelle à l'intensité de pénétration des deux espaces, est en raison inversement proportionnelle de la distance des centres de masse. Cette distance est x, le chemin que la force mécanique F_n doit parcourir pour produire l'énergie Q_n, soit pour effectuer la pénétration, soit pour réaliser l'intégration d'espace, intégration E_n qui vaut C_n. On peut poser enfin :

$$v = \frac{B}{x}, \text{ B étant une constante.}$$

Dans l'équation :

$$(4) \quad F_n \times x = av^n + bv^{n-1} + cv^{n-2} + \ldots + pv + q,$$

qui résulte de (2) et (3), remplaçons v par sa valeur $\frac{B}{x}$, en posant de plus pour simplifier la forme :

$$aB^n = a'$$
$$bB^{n-1} = b'$$
$$cB^{n-2} = c'$$
$$\cdots\cdots\cdots$$
$$pB = p',$$

d'où il vient :

(5) $$F_n \times x = \frac{a'}{x^n} + \frac{b'}{x^{n-1}} + \frac{c}{x^{n-2}} + \cdots + \frac{p'}{x} + q.$$

Pour isoler F_n, divisons par x, on a :

(6) $$F_n = \frac{a'}{x^{n+1}} + \frac{b'}{x^n} + \frac{c'}{x^{n-1}} + \cdots + \frac{p'}{x^2} + \frac{q}{x}.$$

Sous les coefficients a', b', c', ..., sont contenues les masses en jeu ; les signes de a', b', c', ..., p', q, peuvent être tous positifs, car si $C_1 = \int C_0 dv = \int m dv$, l'intégrale définie pourra être :

$$C_1 = mv + m',$$

et au dessus :

$$C_2 = \frac{mv^2}{2} - mv - m', \text{ etc.}$$

Les différenciations de $\frac{1}{x^n}$ produisent au contraire des signes alternatifs.

Si nous adoptons de préférence ce cas, cela donnera la forme :

$$(7) \qquad F_n = \frac{a'}{x^{n+1}} - \frac{b'}{x^n} + \frac{c'}{x^{n-1}} - \ldots \pm \frac{p'}{x^2} \mp \frac{q}{x}.$$

Cette action F_n, action attractive ou répulsive, suivant le cas, n'est plus une cause pure comme C_n, mais c'est une fonction d'une cause C_n, ou de la série de causes qui ont pour synthèse C_n et qui est aussi bien une série d'espaces.

L'action F_n se poursuit par la pénétration de n sphères à dimensions croissantes depuis E_1, à une dimension, jusqu'à E_n, à n dimensions. On peut considérer que cette force mécanique s'effectue entre deux groupes de masses ou d'unités, qui forment l'opposition intime de tous les éléments ; de façon qu'il est possible de mettre en facteur un terme proportionnel à ces deux groupes ; soit $km'm''$ ce terme ; les termes en dénominateurs avec des coefficients convenables représentent des dérivées successives $f(x), f'(x), f''(x),\ldots$, qui sont encore des espaces dérivant les uns des autres.

Par suite, on a l'expression (8) :

$$F_n = Km'm'' \left[\frac{a_1}{f(x)} - \frac{b_1}{f'(x)} + \frac{c_1}{f''(x)} - \ldots \pm \frac{p_1}{f^n(x)} \right.$$
$$\left. \pm \frac{q_1}{f^{n+1}(x)} \right].$$

Par une autre voie bien plus directe, qui nous évitera une déduction quelque peu tortueuse, nous retrouverons dans un autre paragraphe la même formule (7), pour l'action à distance, dans un espace composé, à puissance n^{eme}.

A mesure que la distance x, variable, entre les masses m' et m', va en diminuant, les espaces croissants se pénètrent, l'action se produit dans des espaces de plus en plus élevés en puissance.

Si de l'atome simple à la grande nébuleuse superstellaire, il y a, par exemple, neuf ou dix intégrations successives de systèmes spatiaux, neuf ou dix multiplications réelles du mouvement, la formule comprendra neuf ou dix termes, de $\frac{q}{x}$ à $\frac{a'}{x^9}$, ou à $\frac{a'}{x_{10}}$. Mais x étant comme infini entre deux grandes nébuleuses, tous seront comme nuls, et les deux grands systèmes ne se rapprocheront que si on introduit un facteur nouveau, tel qu'un facteur relatif à leur propre pouvoir.

A vrai dire, ce n'est pas encore là la formule qui s'appliquerait aux nébuleuses; ainsi qu'il paraîtra plus loin, elle convient jusqu'aux étoiles inclus.

Entre deux étoiles, non conjuguées, le terme y étant en général le seul qui ne soit point négligeable, les deux étoiles s'attireront en raison inversement proportionnelle de leurs distances.

Vérifications. — En ne prenant que l avant-dernier

terme, on retomberait sur la formule de Newton :

$$F = K_1 \frac{m'm''}{x^2}.$$

Elle ne semble admissible que si x varie entre de faibles limites pour qu'on ait approximativement :

$$\frac{p' - qx}{x^2} = \frac{K_1 m'm''}{x^2}.$$

En prenant les deux avant-derniers termes, on retomberait sur la formule plus approchée d'un savant ingénieur, M. Berthot, formule qui est :

$$(\text{B}) \quad K_2 m'm'' \left(\frac{d - x}{x^3} \right) = K_2 m'm'' \left(\frac{d}{x^3} - \frac{1}{x^2} \right) = \frac{o'}{x^3} - \frac{p'}{x^2},$$

soit avec les trois derniers termes :

$$\frac{o'}{x^3} - \frac{(p' - qx)}{x^2}$$

(d distance d'équilibre des unités).

Les deux avant-derniers termes, que comprend cette formule, (B) sont sans doute les facteurs qui sont le plus dans les limites de nos observations, les termes supérieurs étant non applicables dans notre sphère, et le dernier terme étant comme confondu dans les deux autres.

Ce qui est certain, c'est que cette formule, remarqua-
blement discutée par son auteur, dont le travail a été
publié en entier dans le *Bulletin de l'Académie des
Sciences* (1880), représente déjà une vaste synthèse ;
M. Berthot en tire en effet *quatre-vingt lois connues*, lois
de physique, de chimie, de mécanique céleste, sous
leurs formes réduites à peu près toutes les lois mathématiques de physique que l'on connaît.

RELATION MATHÉMATIQUE DE LA FORMULE DE L'ACTION
AVEC LA FORMULE PSYCHOLOGIQUE DE LA SENSATION

L'intégration de la fonction F_n, équation (7), formule
de l'action dans l'espace, donnerait :

$$(9) \quad \int F_n dx = -\frac{A}{x^n} + \frac{D}{x^{n-1}} - \frac{C}{x^{n-2}}$$
$$+ \ldots + \frac{P}{x} - Q \log \text{nep. } x - R,$$

A, D, C, ..., P, Q, R, étant des constantes, et en remettant
la vitesse v à la place de $\frac{B}{x}$:

$$(10) \quad \int F_n dx = - A'v^n + D'v^{n-1} - C'v^{n-2}$$
$$+ \ldots - Q \log \text{nep} \frac{B}{v} - R.$$

Cette formule fait penser à la fonction psychophysique

de Ch. Henry[1], tirée de l'expérience, qui est une relation entre la sensation S et l'excitation I, cette fonction est :

$$(11) \qquad S = K \left(1 - e^{-\lambda I^m}\right) \quad (1 - c - \alpha I^n t).$$

Les variables de l'équation sont I, S, et t temps d'excitation, les paramètres constants sont K, λ, m, n, α, c.

Si on prend les logarithmes népériens des deux membres, l'équation (11) prend approximativement la forme plus simple :

$$\text{Log nep. } S = T + \lambda I^m + T' - T'' \log \text{nep. } I^n t$$

T, T', T'' constantes convenables; ou :

$$(12) \quad \text{Log nep. } S = R_1 + \lambda I^m - T'' \log \text{nep. } I^n t,$$

avec :

$$T + T' = R_1.$$

Or l'intégrale de F_n peut être mise sous une forme semblable en isolant dans le premier membre le terme $Q \log \text{nep. } \dfrac{B}{v}$, en posant $- A'v + D'v^{n-1} + \ldots = f(v)$.

Ainsi on a :

$$Q \log \text{nep. } \frac{B}{v} = R + \int F_n dx - f(v),$$

ou pour :

$$f(v) = \varphi (\gamma, t),$$

[1] *Revue scientifique*, 1898. — 1ᵉʳ semestre.

γ accélération et t temps, définissant la vitesse v,

$$(13) \quad \log \text{nep.} \left(\frac{\text{B}}{v}\right)^{-q} = \text{R} + \int \text{F}_n dx - \varphi(\gamma, t).$$

Il est admissible que $\int \text{F}_n dx$ soit proportionnel à une somme d'accélération d'éléments, et il est simultanément admissible que l'excitation I soit proportionnelle à une somme d'accélérations de microorganismes ; de telle sorte que :

$$\int \text{F}_n dx = \Sigma_1 m\gamma \times \text{H}_1,$$

et :

$$i^m = \Sigma_2 m\gamma \times \text{H}_2,$$

Σ indiquant une somme, H_1, H_2 coefficients.

Par suite, si $\log \text{nep.} i^n t$ est fonction du temps et de l'accélération, $\int \text{F}_n dx$ doit être non moins fonction du temps et de l'accélération, parce que $x = \frac{\text{B}}{v}$ et parce que $v = \psi(\gamma, t)$.

D'où on voit *qu'une identification pourrait être possible, termes à termes, entre (12) et (13), et qu'elle trouverait son explication logique.*

Sans pousser plus loin l'identification, identification dont le résultat serait d'unir la physiologie et la psychologie à la métaphysique par l'intermédiaire de la mécanique pure, bornons-nous à signaler cette importante analogie.

RAPPORT MATHÉMATIQUE
ENTRE LA SENSATION ET LA PERCEPTION

Un problème qui se propose de relier la sensation à la perception directe, qui est l'idée élémentaire, est un problème qui tend à relier la fonction psychophysique de la sensation et de l'excitation à la fonction du sujet et de l'objet.

L'expérience montre que la sensation est en résumé une fonction exponentielle de l'excitation, ou d'un choc, ou d'une cause spatiale qui répond à un choc.

La logique cependant nous porte à croire que la perception est en proportion de la cause, dont elle n'est que la notion subjective. Si l'on faisait de la sensation une perception directe, il y aurait désaccord. Mais la sensation n'est nullement une perception directe de monade, elle est l'intégration de perceptions à plusieurs degrés, et encore pas une intégration proprement dite, une intégration d'une nature spéciale, qui élimine ou amoindrit à chaque opération les termes invariants, et qui renforce les termes les plus variables, et qui accuse les variations.

C'est pourquoi la perception peut être à la sensation en proportionnalité de ce que la cause excitatrice C est à une fonction exponentielle, e^{Cn}, de la cause excitatrice :

$$\frac{\text{Perception}}{\text{Sensation}} = \text{K} \times \frac{\text{C}}{e^{Cn}},$$

e étant la base du logarithme nepérien, K une constante, et *n* une constante aussi, dépendant peut-être du nombre d'intégrations organiques.

Ce rapport serait propre à donner l'idée de la loi de centralisation, qui fait que les perceptions directes et élémentaires d'unités inférieures aboutissent à une sensation d'être composé.

De même que, dans une administration, le compte rendu qui parvient à la direction centrale réduit l'importance des choses plus courantes et plus normales, et amplifie, au contraire, l'importance des choses moins courantes et moins normales, de même, dans un but évidemment rationnel, le fonctionnisme du vivant a été organisé pour transmettre avec amplification les faits qui dépassent par excès ou par défaut les conditions du régime habituel ou normal, et cela suivant une progression très croissante.

L'esprit n'est ainsi avisé d'une façon forte, et pour ainsi dire, détaillée, que lorsque son intervention intelligente, directrice, régulatrice, devient utile, et, dans le cas contraire, les centres inférieurs à la région de la conscience distincte assurent leurs services particuliers selon les adaptations habituelles.

APPLICATION TRANSCENDANTE DE LA LOI MATHÉMATIQUE
DE CAUSALITÉ D'ORDRES EN ORDRES DE GRANDEUR

Voici, pour le bouquet de la fin, une application, splendide si nous ne nous abusons pas, de cette loi mathématique de causalité : que l'intégration de l'effet donne la cause et que la dérivation de la cause donne l'effet, application qui est véritablement d'une étendue incomparable.

Puisque la loi de Newton est une cause en fonction de la distance, une cause qui se trouve juste dans un ordre de grandeur, prenons-la comme point de départ d'une série causale relative à la distance des unités spatiales, c'est-à-dire prenons-la comme le terme intermédiaire de cette série, terme qui s'applique aux unités de notre étoile, aux planètes.

I. *Loi de cohésion première.* — L'action à distance des planètes et des masses sensibles est une cause :

$$X = \frac{Km'm''}{x^2} = Km'm''x^{-2},$$

dite attraction newtonienne.

II. *Loi de répulsion première.* — L'effet de cette cause, soit X', sera avec le rapprochement des unités inférieures une action entre ces unités, atomes de premier ordre.

La loi de l'action à distance des atomes de premier

ordre, action par eux-mêmes, est donnée par la dérive de X, qui est :

$$X' = \frac{dX}{dx} = -2Km'm''x^{-3},$$

ou :

$$X' = -\frac{2Km'm''}{x^3},$$

action répulsive.

Telle est la loi de la répulsion des corps, loi prise isolément.

III. *Loi de cohésion seconde.* — La force X' devenant à son tour cause d'un effet X'', on a :

$$X'' = \frac{dX'}{dx} = \frac{6Km'm''}{x^4}.$$

Le rapprochant des atomes de premier ordre a pour effet de permettre l'action entre les atomes de second ordre, et cette action dérivée X'' est la loi profonde de cohésion des corps condensés, des solides, loi prise isolément.

Remarques. — Ce sont toujours les masses totales m', m'' qui restent en jeu, mais elles se décomposent en unités de divers ordres.

L'effet d'une cause attractive est un effet répulsif, et l'effet d'une cause répulsive est effet attractif.

Cependant, avant de poursuivre la série dans cette

catégorie de causes, examinons si ces premiers résultats sont satisfaisants.

En premier lieu, la loi de répulsion en proportion des masses et en raison inverse du cube des distances, a déjà été admise, semblant exprimer les forces répulsives à des distances très faibles dans le choc.

En second lieu, la loi de cohésion, extrêmement croissante, à l'inverse de la quatrième puissance des distances, est des plus vraisemblables, à défaut des moyens de la vérifier.

En troisième lieu, une vérification nous est offerte par la loi de M. Berthot : si nous faisons la somme $X' + X$, nous obtiendrons un ensemble de forces qui agissent dans le sein de notre milieu expérimental :

$$X' + X = K m'm'' \left(\frac{1}{x^4} - \frac{2}{x^3}\right) = K m'm'' \left(\frac{X-2}{x^3}\right).$$

La formule de M. Berthot, qui est démontrée étant :

$$F = K_1 m'm'' \left(\frac{x-d}{x^3}\right),$$

il y a bien identité avec elle, identité entre F et $(X' + X)$ en choisissant :

$$\frac{2K_1}{d} = K$$

(K_1, d, K constantes).

La cause X' doit encore admettre une dérivée :

$$X'' = -\frac{24\,Km'm''}{x^5},$$

qui serait une répulsion seconde, d'ordre chimique et explosif entre atomes de molécules.

On constate que le pouvoir de l'action va en se localisant dans des sphères de plus en plus petites [1], en même temps qu'elle a lieu entre unités d'ordres de plus en plus bas, et il y a une nécessité logique qu'il en soit ainsi.

Nous pouvons donc, non sans fondements spéculatifs, étendre la loi en remontant de cause en cause, comme nous venons de descendre d'effet en effet ; avant de remonter de X à sa cause C_x, et au dessus, il y a lieu de se demander quelles énergies peuvent annuler les actions répulsives et cohésives ; ce sont vraisemblablement celles qui sont de même degré en $\frac{1}{x}$, c'est-à-dire, sous réserve, de même degré positif en v. On aura alors, dans ce sens, des équations d'équilibre :

$$\frac{Mv^3}{6} - \frac{2Km'm''}{x^3} = 0,$$

$$\frac{6Km'm''}{x^4} - \frac{Mv^4}{24} = 0.$$

L'énergie de quatrième degré, qui peut détruire la cohésion des molécules par dissociation de genre calo-

[1] D'où une indépendance relative, qui s'accentue avec la petitesse des monuments.

cique, semble être de la chaleur, et l'énergie de troisième
degré, qui peut produire la cohésion des molécules par
une attraction analogue à l'affinité, semble être de
l'électricité ou un des états dynamiques de l'électricité.

LOIS DE SOLIDARITÉ DES SYSTÈMES CÉLESTES

L'intégration de $X = \dfrac{Km'm''}{x^2}$ loi de Newton donne,
prise isolément, la loi C_x de l'action à distance entre
étoiles, qui sont les unités d'ordre supérieur aux planètes ; d'où :

IV. *Loi de répulsion stellaire :*

$$C_x = \int X dx = -\frac{Km'm''}{2x} \pm K'$$

(K' étant une constante).

L'action de deux étoiles l'une sur l'autre est la différence ou la somme d'une action fixe, et d'une répulsion
en raison inverse de la distance et en raison des masses,
mais très faible vu la grande distance en général.

V. *Loi d'attraction des nébuleuses, qui résulte d'une nouvelle intégration :*

$$C_x = \int C_x \, dx = -\frac{Km'm''}{2} \log \text{nep. } x \pm K'x \pm K'.$$

L'intégration de C_x donne l'action C_x à distance des nébuleuses, extérieures et centrées; la loi prend un tout autre aspect que les lois qui précèdent, et, si les constantes ne sont pas nulles, devient fort complexe.

Enfin, si l'on ose pousser jusqu'à une loi des archigenèses, grandes fractions de l'univers intégral, on a :

$$VI \quad C_\lambda = \int C_x dx = - \frac{Km'm'}{2} x \log \text{nep.} \ x \pm \frac{K'x^2}{2}$$
$$\pm K'e \pm \lambda.$$

Admettons que λ est un terme indéterminé par précaution.

Les actions des nébuleuses et des archigenèses n'ont plus de termes qui soient en raison inverse des distances; impulsives ou répulsives, elles ont des termes proportionnels aux distances, aux logarithmes des distances, aux carrés des distances. Le plus probable, c'est que leurs variations de distance seront encore nulles pour nous durant quelque mille ans.

La somme de toutes les lois des unités pures les unes sur les autres donne la cause totale, donne l'action entre les unités composées, les continus des unités se remplissant et les unités inférieures se juxtaposant sur les surfaces-limites.

En tant qu'unité pure, la planète de la Terre ne serait qu'un vide sphérique absolu répondant à la monade sous-jacente.

La cause totale d'action est la somme algébrique des causes d'action de tous ordres :

$$C = F_{(x)} = F(x) + F'(x) + F''(x) + F'''(x) + \dots$$

$$C = C_\lambda + C_N + C_x + X + X' + X' + X'' + X^{IV} + \dots$$

$$C = (Hx \log \text{nep.} x + M \log \text{nep.} x + Nx^2 + Px)$$
$$+ Q - \frac{R}{x} + \frac{S}{x^2} - \frac{T}{x^4} + \frac{U}{x^5} + \dots$$

Or, si l'on néglige le polynôme entre parenthèses, qui doit être assez fixe, on retrouve la formule symétrique en $\frac{1}{x}$, qu'on a vue plus haut, équation (7).

En admettant que grand C soit la loi spatiale suprême, on n'est plus en présence que d'un groupe de forces C, qui est ΣC dans l'univers tout entier :

Comme il n'y a plus de forces extérieures au delà, par rapport au centre de gravité [1], dès lors immuable, du monde, la somme algébrique des forces, ΣC, demeure constamment nulle, et de plus la somme des travaux de toutes les forces dans le monde, qui est ΣCx, reste aussi nulle, puisqu'il y a équilibration du Tout, qui seul peut

[1] Centre de gravité qu'on peut imaginer se trouver dans une direction voisine de celle de l'étoile polaire.

réaliser le mouvement universel et perpétuel :

$$\sum C = 0, \qquad \sum Cx = 0.$$

Enfin le Créateur, qui est ici le Continu intégral, disposant de toutes les limites x, les modifiant avec le temps, on a $x = \psi(t)$, t temps; d'où :

$$\sum C\psi(t) = 0.$$

Ayant maintenant indiqué l'achèvement des cycles infinis, qu'il nous soit permis de nous excuser des incorrections, des erreurs même, que nous avons pu commettre au point de vue spécialement mathématique [1], notre but, spéculatif, étant de dégager à tout prix l'idée, de suggérer l'idée dont l'expression pourra être ensuite perfectionnée; car il ne manque pas, et en France d'abord, de grands mathématiciens.

---

[1] Si, pour motif métaphysique, nous nous imposons de pousser le plus loin possible les idées, notre ignorance en certaines matières fait que nous nous contentons de déterminations, qui ne sont que des ébauches de calcul.

DÉVELOPPEMENT FINAL DANS L'ESPACE DE L'IDÉE
QUI Y EST RÉELLEMENT REPRÉSENTÉE EN FIGURE

Toutes les existences ont une réalité spatiale, qui les figure au dehors, en les dépouillant, il est vrai, du pur subjectif. Si le sujet existe comme objet, l'idée aussi existe comme objet; elle a une existence interne, elle est un objet interne dans le sujet qui la développe comme moi, ou dans les sujets multiples de tout ordre qui contribuent à la développer.

L'idée, en tant que figure spatiale qui se décrit en chaînes vivantes dans l'espace continu de l'âme, est comme le produit de deux figures, comme la symétrie de deux espaces cinématiques, dont les points sont des monades en l'esprit.

Qu'une de ces figures représente le sujet, l'autre représentera l'objet dans la mesure où il se l'identifie; par suite, l'idée, valant dans sa structure objective en quelque sorte un espace engendré par deux autres, est nécessairement une figure à plus ou moins de dimensions. Puisque l'entendement humain conçoit que les objets visibles sont à trois dimensions, c'est qu'ils en ont pour le moins trois, et en outre il est difficile de ne pas croire que le sujet, entouré d'objets, c'est-à-dire de sujets inférieurs à lui, qui sont à trois dimensions, ne soit pas, lui-même à part, à trois dimensions. En conséquence,

chez l'homme, si l'idée réfléchie, si l'idée vivante, qui est
l'esprit en activité, est le produit de l'objet par le sujet,
objet et sujet, étant chacun au moins de troisième degré, l'idée vivante en son entier, l'esprit d'homme sera
lui-même de sixième degré, il vaudra, en objectivation,
un espace à six dimensions, à six mouvements, lequel
intégrera des figures ou des espaces à moins de dimensions, des mouvements à plus faibles puissances. Et peut-
être qu'une septième dimension en germe favorise le génie.

Une âme pour elle est son espace; tout esprit est dans
l'espace vis-à-vis d'un autre; comment ne serait-il pas
quelque part, dans une situation relative, dans un ordre
par rapport à cet autre; car on ne saurait supprimer la
relation.

Si peu que cet esprit soit composé, si peu qu'il soit
internement variable, il doit être composé de plusieurs
unités, et ces variables, ces monades mobiles, ont pour
lieu commun son propre espace animique.

Cet espace qu'est l'esprit est le théâtre des idées dont
les puissances dimensionnelles sont proportionnées à lui.
Toute existence concrète se développe, dès qu'on pose
l'espace, dans un espace de degré supérieur à son degré,
et à vrai dire il n'y a pas moyen de se dispenser de poser
l'espace, cette possibilité des relations, sitôt qu'on veut
dégager des notions générales neutres et déterminées,
des ordres, des causes effectives, sitôt qu'on veut extraire
une idée précise du chaos sentimental, qui lui sert de
genèse.

Le pur subjectif, à part sa valeur affective et son influence volontaire, est presque autant une limite que le pur absolu; mais il est, en tant que représentation, une limite d'ignorance, d'inconnaissance, au lieu d'être une limite de science.

En le creusant, à la fois la science le reconnaît et le sépare, sans pour cela qu'on puisse le perdre, devant le replacer ensuite sur une réalité mieux fondée et mieux liée.

Bref, à l'idée en elle-même correspondent, en tant que déterminations qui l'expriment, une cause spatiale, qui en permet l'existence, un espace ordonné en figure, qui la réalise.

Un objet de $n^{\text{ème}}$ ordre avec un sujet de $n^{\text{ème}}$ ordre, produira l'esprit en tant qu'idée de $n^{\text{ème}}$ ordre, de telle sorte qu'on ait :

$$i_n = o_n \times s_n \times \frac{1}{z},$$

z paramètre de détermination.

Cette fonction de l'idée a pour correspondance dynamique une fonction causale semblable à $K_1 C_i = C_j \times C_s$, dans laquelle C_j et C_s sont les dérivées composantes de la cause dinamique C_i, et elle a pour correspondances spatiale $K_2 \times E_i = E_j \times E_s$, dans laquelle E_j et E_s sont les espaces qui engendrent E_i géométriquement.

Ces correspondances donnent les proportions :

$$\frac{i_n}{C_i} \times \frac{z}{K_1} = \frac{o_n \times s_n}{C_j \times C_s} \qquad \text{et} \qquad \frac{i_n}{E_i} \times \frac{z}{K_2} = \frac{o_n \times s_n}{E_j \times E_s},$$

Si, pour l'esprit d'homme :

$$i_n = i_6, \quad s_n = s_3, \quad o_n = o_3,$$

et si on suppose qu'on ait pu choisir en particulier $z = K_1 = K_2$, on en tirera :

$$\frac{i_6}{C_6} = \frac{s_3}{C_3} \times \frac{o_3}{C_2 \times C_1} \qquad \text{et} \qquad \frac{i_6}{E_6} = \frac{s_3}{E_3} \times \frac{o_3}{E_2 \times E_1}.$$

Dans cette transposition symbolique, il se pourra donc qu'on ait :

$$E_6 = i_6, \qquad s_3 = E_3, \qquad o_3 = E_1 \times E'_1 \times E''_1.$$

De là, il résultera que des mesures quantitatives, des longueurs ou des vitesses, serviront également à symboliser l'idée, le sujet et l'objet, assimilés à des figures ou assimilés à des forces qui sont signifiées par des figures.

L'idée réfléchie et vivante, i_6, qui représente ici l'esprit d'homme en activité, équivaut à une cause C_6, du sixième ordre, qui subordonne donc cinq vitesses; cela veut dire qu'en-dessous de l'âme monadique, âme simple de l'homme, il y a bien cinq ordres de monades, ordres tels que leurs pouvoirs sont successivement soumis, tels que les vitesses dans un ordre inférieur, sont soumises à la direction, à l'orientation, de l'ordre immédiatement supérieur qui les associe ou qui les intègre.

C'est un des motifs pour lesquels nous distinguerons au-dessous de l'ordre de l'homme cinq ordres d'unités vivantes, inférieurs les uns aux autres (indépendamment des sociétés ou unités sociales qui sont des groupes intermédiaires), l'atome simple, l'atome élastique, l'atome chimique, la microbulle et la cellule.

Des rapports des idées, rapports qui à leur tour dans l'esprit composé, deviennent de nouveaux objets, comme des projections et des intersections d'objets internes, de ces rapports naissent des combinaisons, se dégagent des lois relatives, qui équivalent à des fonctions plus complexes et moins symétriques que les fonctions causales.

Si les causes répondent géométriquement à des ordres symétriques, c'est parce que les ordres naturels sont des harmonies répétées, c'est qu'ils sont des symétries de nombres et de forces, et des symétries de symétries.

* *

Enfin les sciences mathématiques, à la limite, s'identifieraient avec la divine métaphysique, et, d'ailleurs, toutes les sciences aussi [1].

La métaphysique est un gouffre d'où les sciences sont sorties et dans lequel elles doivent rentrer ; de même que les êtres sont des aliénations de l'Être, que par leur progrès et leur fusion ils tendent à s'identifier avec

[1] Une métaphysique en plusieurs volumes sera probablement publiée par l'auteur en vue de contribuer à l'unification de la science.

l'Être absolu, les sciences de même sont des aliénations de la science absolue, et, par leur progrès et leur fusion, doivent tendre à s'identifier avec elle.

Les hautes connaissances mathématiques sont plus que des jeux abstraits et savants réservés à des cerveaux de précision ; toutes sont destinées à expliquer le monde réel, toutes ont été suggérées à l'homme à seule fin de le conduire à la vérité par des certitudes objectives.

A Dieu, au calculateur suprême, qui n'a rien mis d'inanimé dans ses calculs, il n'a pas suffi de tout régler avec la dernière mathématique, dont lui seul possède la clef redoutable ; comme il a désiré se faire comprendre des petits, il a voulu que des sceaux mystérieux pussent être levés, grâce à une mathématique seulement approchée encore à la portée d'infiniment petites monades.

Mais à mesure que l'homme est appelé à comprendre de plus grandes choses d'une réalité inépuisable, il a de plus grandes raisons de se faire humble et de se prosterner devant la Raison qui est l'auteur de ces choses.

Tout est écrit : tournez-vous vers la voûte céleste, si vous voulez maintenant voir matériellement les grandes idées qui sont inscrites dans l'espace ; ces figures même, que développent les étoiles sous vos yeux dans le ciel visible, ne sont autres que de très puissantes idées vivantes, pour lesquelles les étoiles, transcendantes monades, jouent le même rôle que les monades qui figurent en votre esprit ; et l'Espace continu, qui les contient toutes, appartient à l'âme du monde, est une aliénation de l'Absolu, de la possibilité infinie, aussi bien que nos petites âmes et que toutes les monades.

Encore le Dieu qui est répandu dans l'éterre et qui rend possible toute communication et toute harmonie, n'est-il qu'un des aspects divins; nous sommes en effet très loin de penser que Dieu ne doive pas revêtir une forme personnelle. N'est-ce pas comme une nécessité primordiale que se pose l'Idée vivante première, dont toutes les idées, dont tous les vivants ne sont que des reflets?

Par ordre, dans ce monde, il ne nous est pas donné de voir Dieu, et il nous est officiellement caché; il y a des lumières qui ne pénètrent point dans notre sphère, et il y a des lumières qui ne se révèlent plus à nos sens.

C'est dans une Idée vivante éternelle que la divinité doit manifestement apparaître aux âmes, en personne, dans sa splendeur.

Au centre de gravité du monde, en une figure de lumière inaltérable, devant laquelle pâlissent les premières nébuleuses, réside l'Idée suprême de vie, foyer des idées éternelles, des modèles purs qui en sont comme les facettes, et cette figure indicible représente Dieu qui supporte le monde, Dieu qui se sacrifie, Dieu qui se multiplie, Dieu qui attire à lui tous les êtres.

FIN

Tours. — Imprimerie Deslis Frères, 6, rue Gambetta.

TOURS

IMPRIMERIE DESLIS FRÈRES

6, rue Gambetta, 6